明净思忆 济梦芳华

主　编　徐　斌　王志伟　陆丽君
副主编　张馨心　武　薇

同济大学环境科学与工程学院纪念文集

同济大学出版社
TONGJI UNIVERSITY PRESS

图书在版编目(CIP)数据

明净思忆 济梦芳华:同济大学环境科学与工程学院纪念文集/徐斌等编著. —上海:同济大学出版社,2024.9. —ISBN 978-7-5765-1232-8

I. G649.285.1-53

中国国家版本馆CIP数据核字第2024A664P0号

明净思忆 济梦芳华——同济大学环境科学与工程学院纪念文集

主　编　徐　斌　王志伟　陆丽君
副主编　张馨心　武　薇

责任编辑:邢宜君
责任校对:徐春莲
排版制作:嵇海丰
封面设计:完　颖

出版发行　同济大学出版社　www.tongjipress.com.cn
　　　　　(地址:上海市四平路1239号　邮编:200092　电话:021-65985622)
经　销　全国各地新华书店、建筑书店、网络书店
印　刷　上海安枫印务有限公司
开　本　787mm×1092mm　1/16
印　张　11.25
字　数　184 000
版　次　2024年9月第1版
印　次　2024年9月第1次印刷
书　号　ISBN 978-7-5765-1232-8
定　价　98.00元

版权所有　侵权必究　印装问题　负责调换

学生文艺活动获奖（1955年）

1956级团支部成员在同济大学校门前合影（1956年）

1956级部分同学在学校"三好坞"竹桥上合影（1956年）

师生暑期在杭州天竺进行测量实习（1957年）

师生合影（1961年）

师生在西区污水厂考察调研（1963年）

美国堪萨斯大学废水处理专家麦金尼（R. E. Mckinney）教授来校讲学（1979年）

李国豪校长接见麦金尼教授夫妇（1980年）

美国爱达荷州立大学给水处理专家克雷斯贝（T. L. Heasby）教授来校讲学（1980年）

20世纪80年代，部分教师合影

20世纪80年代，部分教师在给水排水、环境工程实验室门前合影

20世纪80年代,学生军训合影

20世纪80年代,教研室师生汇报交流

20世纪80年代,师生在黄浦江采样

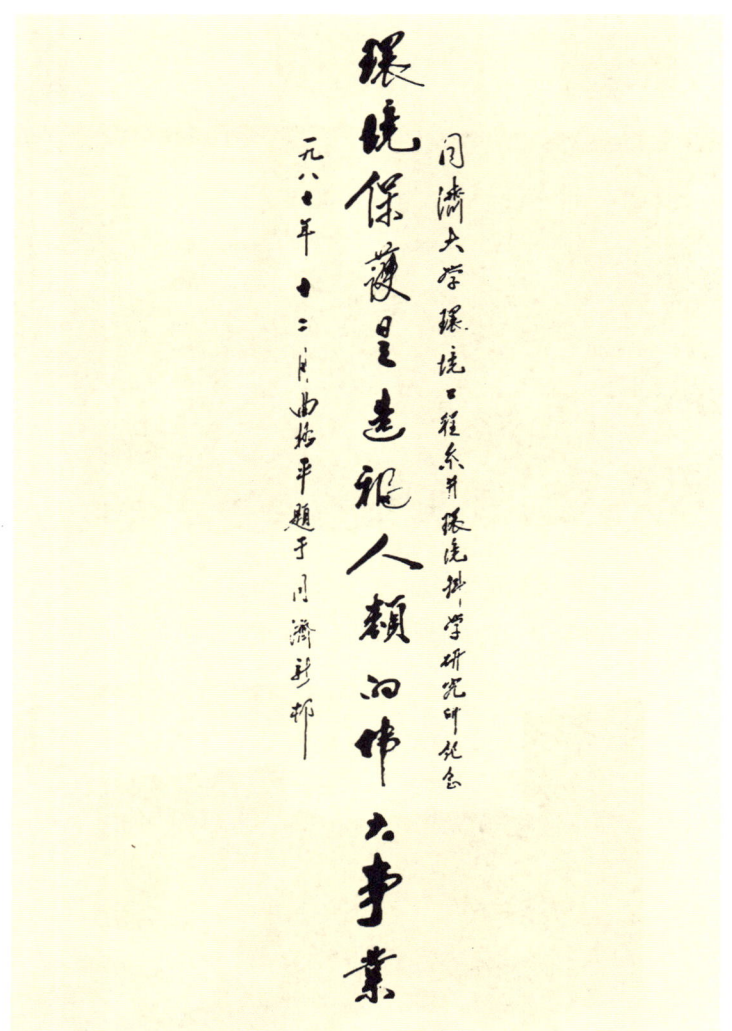

时任国家环保局局长曲格平教授为同济大学环境工程系、环境科学研究所题字留念（1987年）

学校批准成立同济大学环境工程学院之际，（从左到右）赵振寰、胡家骏、曲格平、江景波、顾国维摄于同济大学校园（1988年10月）

污水工程及管理国际研讨会（1984年）

国际水污染控制及水处理技术会议（1987年）

学院毕业生于曲格平教授题字的屏风前摄影留念（1997年）

全国水环境管理国际会议

教育部高等工业学校环境工程类专业协作组第一次会议

脂肪酸废水处理的工艺试验研究鉴定会

早年环境工程学院门牌

20世纪90年代,学院水处理模型实验室

20世纪90年代,学院实验室

20世纪90年代,学院国际会议厅

20世纪90年代,学院电脑房

20世纪90年代,学院资料室

早年学院团代会、学代会

学院运动会（1991年）

学院"环境之声"文艺汇演（2003年）

早年学院学生硕士论文答辩会

学院本科生新生家长会（2000年）

城市污染控制国家工程研究中心建设项目可行性报告论证会

城市污染控制国家工程研究中心授牌仪式（2001年）

联合国副秘书长、联合国环境规划署执行主任克劳斯·托普弗（Klaus Töpfer）和同济大学校长吴启迪在成立仪式上签署协议，"联合国环境规划署-同济大学环境与可持续发展学院"（IESD）正式成立（2002年5月9日）

美国国家环境保护局（EPA）局长史蒂芬·约翰逊（Stephen L. Johnson）率团访问我校（2008年12月1日）

同济大学主办、我院承办的第五届国际学生环境与可持续发展大会（2015年）

我院学生参加第二届同济大学UNITAR国际组织预备人才训练营（2019年）

编委会名单

主　编
徐　斌　王志伟　陆丽君

副主编
张馨心　武　薇

编　委
黄清辉　陆志波　王　颖　吴德礼　郑　雄　鹿伟青
黄世心　黄圣洁　徐　畅　格日乐　许君清　周经洲

特邀顾问
上官远路

序

　　星霜荏苒，居诸不息。作为新中国最早一批设立环境学科的教育科研机构之一，同济大学环境系科起源可追溯至1952年的上下水道系，至今已有七十余载。面向国家环境保护事业的重大需求，同济环境人始终"心怀国之大者，矢志国之重器"，为我国生态环境保护事业做出了突出贡献。

　　盛世修史，懿年纂志。时间是最公正的记录者，也是最客观的见证者。七十余年来，同济环境人踔厉奋发，赓续前行，从学科初创到如今教学体系完善、学子桃李遍地、科研成果丰富，走过了一段极为艰辛、拼搏的路程；七十余年来，同济环境系科汇聚了一批学术大师，他们身教言传，薪火传递，提携后学，垂范学林，造就了学院今天的繁花似锦和蒸蒸日上；七十余年来，同济环境系科培养的毕业生在不同岗位上建功立业、施展才华，推动国家环保事业的不断进步；七十余年来，同济环境人将论文写在苏州河畔、青草沙水库旁、老港填埋场上，也写在太湖、巢湖、滇池，写在祖国的锦绣山河间，写在亚非拉的万水千山间。一代代同济环境人栉风沐雨，砥砺奋进，书写了一页页光辉灿烂的篇章。

　　七十余年风雨兼程，其中有诸多闪光动人的故事：系科成立初期，前人不求名利接过编撰教材的重任，自己动手建立实验室，多方争取资源，首次引入国际学术交流合作……老一辈环境人在艰难中改天换地，他们曾备受命运的考验，却始终不忘初心，不断取得科研成果，为国家的环保事业呕心沥血，对学子充满呵护。这些薪火相传的故事，如今又在学院的师生中口口相传，引领着年轻学子的拳拳爱国心与殷殷报国志，帮助他们树立起重实践、重创新的学术精神。

　　《明净思忆　济梦芳华》一书的出版，是同济环境系科文化精神传承的实体寄托。愿读者读罢全书，掩卷凝思之际，能够对同济环境系科发展历程拥有一定的了解；愿那些逆水行舟的前人、意义非凡的事件、曲折复杂的办学历程、谆谆教诲的思想与原则，融入环境人的血脉，赓续传承不断。

岁月似弦如歌,七十余载悠悠而去,沐浴在新时代的阳光下,中国共产党第二十次全国代表大会对推进美丽中国建设、促进人与自然和谐共生作出战略部署,对生态文明建设和生态环境保护工作提出了新要求。风好正是扬帆时,策马扬鞭再奋蹄。希望同济大学环境科学与工程学院同风而起,把握宝贵的历史机遇,扶摇直上,在推动美丽中国和生态文明建设的新征程上谱写新的篇章!

最后,再次祝福同济环境,祝学院新征程上再创辉煌!

本书编委会
二〇二四年一月于上海

前言

《明净思忆　济梦芳华》讲述了同济环境系科七十余载以来守正创新的点滴回忆和温情真挚的动人故事，是文化积淀的瑰宝，亦是精神力量的传承。以1952年建系为发端，追溯同济大学环境系科成立七十多年的发展历程：系科从无到有、从小到大的建设脉络与探索尝试，学院前辈为环境系科的建设砥砺奋斗、大胆开拓，新时代环境人的理想志气与家国情怀……通过生动的故事，记录学院和国家环境建设与保护事业同频共振中经历的种种，彰显在时光蹁跹中孕育的文化内涵与育人力量。

习近平总书记指出："文化是一个国家、一个民族的灵魂。"新时代我们也应担负起新的文化使命，让过去数十年间勇于创新、奋斗不息、兼容并包的精神得以传承。作为全国高等院校中最早一批以学院建制成立的环境教育和学术科研机构，从特定的角度来回望学院发展历史，可见国家七十多年来在环境保护方面的持续探索，这具有一定史料价值。回首历史，眼观未来，在"同济天下，崇尚科学，创新引领，追求卓越"的新时代同济大学文化浸润下，环境科学与工程学院秉持"心系祖国千山万水，志在乾坤风清月明"专业志向，矢志不渝，艰苦奋斗，为国家生态文明建设开山踏水。

流光一瞬，华表千年。事业是人们创建的，历史是事迹凝就的。为了铭记、敬谢前人在同济大学环境科学与工程学院创建及发展过程中做出的拼搏与奉献，也为了支持和寄望后来人可以更好地继承过去、审视当下和开创更加美好的未来，本书编委会统筹多方资源，回顾系科建立伊始到逐渐发展的故事，以资禀仰和激励。在此对协助查找或提供各类资料、数据，给予支持的学校职能部门——组织部、宣传部、档案馆、研究生院、继续教育学院等，也对拨冗参与访谈、协助提供关于往事的一手资料及亲身经历或回忆的教师们——顾国维、段宁、范瑾初、刘遂庆、赵建夫、周琪、戴晓虎、周增炎、柳剑雄、邓慧萍、夏四清、尹大强、马鲁铭、陈洪斌、何群彪、俞国平、张玉先等表示衷心的感谢。

囿于种种条件所限，我们不能尽访值得记录的人物与事件，但愿以目前的线索，勾勒出七十余年开拓创新、奋发求进的群像剪影，使学院精神代代相承。

本书编委会
二〇二四年一月于上海

目录

序
前言

七秩风雨　不忘来路　　　　　　　　　　　　　　　　1

学科初创　发端上下水道（1952—1977年）　　　　2
应时发展　形成"三系一所"格局（1978—2006年）　　6
守正创新　与时代同发展　　　　　　　　　　　　　18
　　党政组织机构变迁　　　　　　　　　　　　　　18
　　专业设置及变化　　　　　　　　　　　　　　　23
　　历届毕业生人数　　　　　　　　　　　　　　　25

跬步千里　聚势谋远　　　　　　　　　　　　　　　　29

十年修书　百年树人　　　　　　　　　　　　　　30
　　"字字编写皆心血，五版更易不寻常"——《给水工程》编写回忆　30
　　"实践出真知"的典范——《水污染控制工程》编写回忆　33
　　"将教材写在荧幕上"——《取水工程》教学电影和幻灯片制作往事　34
积基树本　建强平台　　　　　　　　　　　　　　36
　　勇克开局之难　白手起家扩大实验室规模　　　37
　　抓住时代机遇　建设一流国家重点实验室　　　39
　　产学研一体化　着力打造高质量工程中心　　　40
对外交流　根植血脉　　　　　　　　　　　　　　42
　　"敢为人先引进来"——首邀美国专家来校讲学　42
　　"昂首阔步走出去"——首次召开国际会议和海峡两岸学术交流会议　46
　　"联合国环境规划署-同济大学环境与可持续发展学院"成立纪事　49

师者风华　筑梦启行　　　　　　　　　　　　　　　　　　　　　　　55

同济环境学科奠基者——记杨钦先生　　　　　　　　　　　　　　56
一腔热血寄山河——记胡家骏先生　　　　　　　　　　　　　　61
七十载治水人生——记高廷耀先生　　　　　　　　　　　　　　66
笃行实干　敢为人先——记顾国维先生　　　　　　　　　　　　71
中国清洁生产研究开拓者——记段宁院士　　　　　　　　　　　75
躬身工程一线　追梦绿水青山——记徐祖信院士　　　　　　　　80
刻苦求知　勤勉耕耘——记范瑾初教授　　　　　　　　　　　　85
科学报国同济情——记刘遂庆教授　　　　　　　　　　　　　　89
怀抱理想　大胆实践——记赵建夫教授　　　　　　　　　　　　93
师爱铸就点灯人——周琪教授的教书回忆　　　　　　　　　　　98
竭力报国显真章——戴晓虎教授的时光印记　　　　　　　　　　103

青春之姿　强国有我　　　　　　　　　　　　　　　　　　　　　　109

绿行天下　有你有我——记同济大学环境学子志愿服务足迹　　　110
同舟领航梦想　牵手助飞希望——记学院学业帮扶项目"同舟助飞"　117
忠诚奏国乐　颂歌献祖国　　　　　　　　　　　　　　　　　　124
一段学风的传承　一份精神的传递　　　　　　　　　　　　　　128
以青春之我　与环境同行　　　　　　　　　　　　　　　　　　132
上下求索　坚定前行　　　　　　　　　　　　　　　　　　　　135
胸怀天下永奋斗　踔厉奋发向未来　　　　　　　　　　　　　　138
传承环境精神　矢志奉献青春　　　　　　　　　　　　　　　　141
一份同济环境人的独家"济忆"　　　　　　　　　　　　　　　　145
同济精神代代相传　同济文化伴我成长　　　　　　　　　　　　148
携初心行万里路　归来愿以青春报华夏　　　　　　　　　　　　152

七秩风雨　不忘来路

　　1952年以来，同济环境系科历经从无到有、从小到大的开辟探索，在育人体系、平台构建、重大工程、对外合作等方面均取得显著进步，由一件件"小事"构筑起学院发展与建设的伟大成就。七十余年前，28名上下水道专业（给水排水工程专业前身）本科毕业生从这里踏出校门，成为全国首批上下水道专业人才，具有里程碑意义，影响广泛深远；今天，全体师生员工在校、院两级党政正确领导和共同努力下，学科得到了长足发展，取得了一个个令人瞩目的科学研究与社会服务成果，培养出一批批"心系祖国千山万水，志在乾坤风清月明"的青年学子。可以说，同济环境系科的发展壮大是历代同济环境人用勤劳与智慧、汗水与热血创造的，是一个在不断开辟中前进，在实践中总结提高，在艰苦创业中不断发展的过程。时至今日，同济环境人对系科饱含的自豪感和归属感，是系科发展源源不断的动力所在。

学科初创　发端上下水道（1952—1977年）

同济大学建于1907年，原是一所由医学、理学、工学、法学、文学等专业组成的国立综合性大学。历经两次院校调整后，同济大学成为建筑土木类综合性大学。

第一次院校调整在1951年，根据华东（区）教育部的决定，把上海的私立大厦大学、光华大学的土木工程类系与专业合并到同济大学土木工程系，调整后的同济大学土木工程系分成结构、公路、水利、市政4个专业组。市政专业组向学生开设给水工程课和排水工程课，授课内容以给水管道和排水管道为主。

第二次院校调整在1952年7月，交通大学、圣约翰大学等上海地区高校中的土木、建筑、测绘等系并入同济大学。著名给水专家杨钦教授[1]和排水专家谢光华教授[2]同时从交通大学调入同济大学任教。再次调整后的同济大学，共设铁路公路、上下水道、结构、建筑和测量5个系，其中上下水道系由杨钦教授任首届系主任，谢光华教授任系副主任。上下水道系设置给水排水教研室和水力水文教研组，并设置上下水道专业。

1952年秋季招收第一届上下水道专业本科生和专科生，当时本科生的学制是四年，专科生学制为两年。

1953年7月，因院系调整而从各个学校转入同济大学的28名学生作为第一届上下水道专业本科生毕业，他们是上下水道专业全国第一届的毕业生，我院高廷耀教授就是其中之一。

1953年11月，上下水道系重组，改名为卫生工程系。

1954年8月，给水下水教研室改名为给水排水教研室，上下水道专业更名为给水排水专业。同年建造了800平方米的给水排水实验室和超1 000平方米的水力学实验室，这在当时全国高校中是独一无二的，处在国内领先水平。

1955年，给水排水专业招收第一届125名本科生，学制为五年制，同年停止招收专科生。当时，全国只有同济大学、清华大学、天津大学、哈尔滨工业大学四所高校设有给水排水专业。同济大学主要为华东地区

---

[1] 时任交通大学土木系系主任。
[2] 时任交通大学土木系教授。

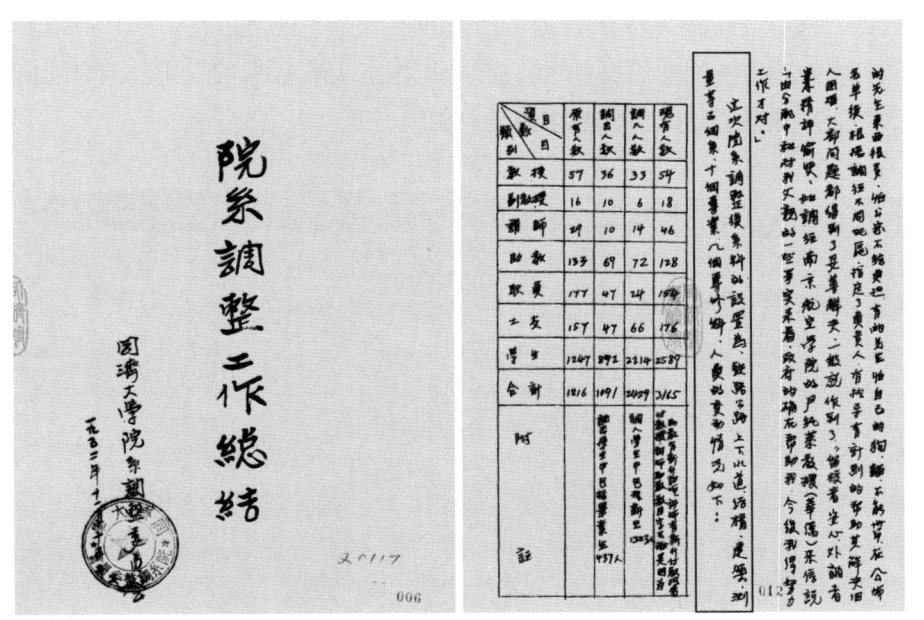

上下水道系成立

和中央有关部、委培养给水排水专业人才；清华大学和天津大学主要为华北地区和中央有关部、委培养给水排水专业人才；哈尔滨工业大学主要为东北地区培养给水排水专业人才。同济大学给水排水专业每年招收和毕业的人数不少于60人，一般约100人，最多达165人。而其他三校每年各招30人左右，同济大学招收的学生数是其他三校的两倍以上。

1956年，给水排水专业招收本科生165人，包括学院的顾国维教授、范瑾初教授、章非娟教授、陈翼孙教授等。同年，给水排水专业开始招收本科函授生。同济大学的函授教学在全国高校中是"一枝独秀"，其办得早，办得好，办得有成效、有特色，多次受到教育部的表扬和嘉奖，并多次向有关院校介绍并推广办学经验。到20世纪90年代中后期，函授教学划归"继续教育学院"管理，专业课仍由给水排水教研室承担。

1956年，国家对私人资本主义工商业的社会主义改造促进了教育事业的发展，同济大学对系科和专业进行了重新调整。1957年9月，撤销了卫生工程系，给水排水归入新成立的城市建设系。城市建设系在当时是学校的大系，设有给水排水、水力水文等七个教研室，给水排水、城市建设、供热供煤气与通风三个专业，给水排水、水力学、热工以及通风四个实验室。同年，给水排水专业开始招收研究生。

1958年，苏联专家阿普捷卡列夫教授受邀来同济进行讲学，并培养青年教师和研究生，帮助开展完善给水排水实验室相关工作。当时同济学习苏联模式，进入苏式教学轨道，成绩一度也采用5分制。

师生欢送苏联专家阿普捷卡列夫教授

1959年，给水排水专业的师生第一次参加了黄浦江、苏州河污染治理的调查研究，深入基层，实地调查污染源，并提出了各种治理方案的设想，且在教学南楼三楼教室举办了成果展览会。当时，高年级学生研制的"一滴清"混凝剂（即在一杯污水中，滴入一滴药剂，经搅拌沉淀后变清，故称"一滴清"）也在展览会上进行了演示。"一滴清"的本质是有机高分子混凝剂，在当时对中国环保事业产生了较大影响。学校和院方层面十分重视水处理研究，为开展水处理基础理论和前沿科学的研究，以应对各种不同原水水质的处理，除已有的给水排水教研室之外，又新成立了给水排水研究室，由杨钦教授兼任室主任，胡家骏教授任室副主任，专攻水处理技术的研究。同年，同济大学给水排水教研室主编的全国首批统编教材《给水工程》和《排水工程》出版，开始在全国高校得到广泛使用，且广受好评。

1960年，设立工业用水与废水教研室，由高廷耀老师任教研室主任，并在1956年入学的160名学生中，抽调出约1个小班的学生攻读工业用水与废水处理专业。这是全国高校给水排水专业首次将水污染控制和水环境保护列入大学教学内容中,为全国同类高校起到了先导和示范作用。

1963年,重新调整城市建设系,供热供煤气与通风专业调至机械系,工程测量专业调入城市建设系,保留给水排水、城市建设和工程测量三个专业的局面。给水排水专业经过十余年的建设,得到稳步发展,给水排水教研室教师从创设初期的10人增至27人。至1965年,形成被誉为"四大教授、八大讲师"的教学、科研骨干队伍,"四大教授"指杨钦、谢光华、胡家骏和李善道;"八大讲师"为严煦世、孙立成、高廷耀、陈霖庆、钱维生、许建华、吴祯东和胡斌。

1966年6月,"文化大革命"开始,全国高校停止招生。1967年春季起,在"复课闹革命"过程中坚持部分学习,并按照"面向工厂、面向农村、面向基层、面向边疆"的精神逐年对1967届至1970届的学生进行毕业分配。

1970年9月,为适合政治建校的需要,学校改革教学体制,撤销系、教研室,组建专业连队。给水排水专业建立给水排水专业连队,将基础课、专业基础课和专业课老师编制在一起,编写教学联系实际的新教材,迎接工农兵学员的到来。同年12月,经推荐的第一届102名给水排水专业的工农兵学员入学,学制统一定为三年。工农兵学员的特点之一是文化程度相差较大,从小学到高中都有,初中文化程度的相对多一些。因此,学制短、文化程度相差大、又需理论联系实际在现场进行教学,这给教材的编写、教学的形式和方法带来很大困难,是教育史上的新尝试。但工农兵学员的求知欲望强烈,对学习非常认真努力,与老师的关系也非常融洽。学员们这种顽强、拼搏、刻苦、勤奋的学习态度,深受老师们的敬佩,使广大老师们更加努力、认真地备课上课,满腔热情地把知识传授给他们。1971—1976年连续六届工农兵学员入学,总人数为411人。

1972年2月,给水排水专业与暖气通风专业合并成立水暖工程系,并建立水暖工程系革命委员会。

1973年5月,撤销了专业连队编制,恢复给水排水教研室。

1977年10月,给水排水教研室排水教学组荣获上海市教育战线先进集体称号;同年,全国恢复了高考制度,第一批考生在12月参加了普通高等学校招生全国统一考试。

应时发展　形成"三系一所"格局
（1978—2006年）

改革开放后，广大教师的积极性得到大大提高，教育科研迎来了新局面。

1978年2月，恢复高考后的给水排水专业1977级第一届110名新生入学。9月，第二届1978级96名新生入学。10月，恢复高考后的给水排水专业第一届研究生入学。同年3月，设立环境治理教学组，高廷耀教授任组长，他将环境保护与治理融入教学日程中。后由同济大学发起并任组长单位，联合华东理工大学、华东师范大学等多所上海高校，成立了上海高校环境保护协作组，顾国维老师任组长，开始了对黄浦江水系污染治理重大项目的科学研究。

1979年4月，恢复流体力学教研室。8月，水暖工程系改名为热能与环境工程系，下设的教研室里包括给水及排水教研室、环境治理研究室；9月，学院从给水排水专业1977级学生中抽调10名学生为环境工程专业试点班，开始了设立环境工程专业的探索与实践。

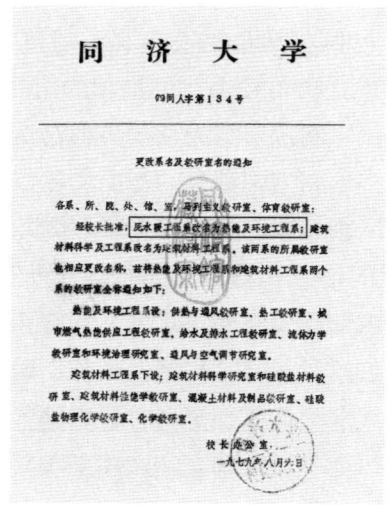

水暖工程系改名为热能与环境工程系

1979年，为满足建设环境工程专业的需要，提高教师的业务水平和教学质量，10月17日—11月18日，邀请美国堪萨斯大学废水处理专家麦金尼（R. E. Mckinney）教授来校讲学，并指导学生做实验。这是改革开放后第一位受邀来全国同类高等院校讲学的美国废水治理专家，他的指导对全国产生较大影响，相关高校和研究单位都派出人员参加，这次交

杨钦教授、胡家骏教授接待麦金尼教授来同济大学讲学

麦金尼教授欢迎会

流活动打开了水处理领域中美学术交流的大门,具有划时代意义。

1980年8月,继麦金尼之后,学院又邀请美国爱达荷州立大学给水处理专家克雷斯贝(T. L. Heasby)教授来校讲学。全国有关高校和自来水公司等单位派相关专业的师生与工作人员前来听课学习,教学南楼三楼中间的阶梯教室全部坐满,甚至还设加座。当时天气炎热,没有空调,只能在教室四周及中间放大冰块降温,本次讲学持续讲了一周。克雷斯贝教授授课认真、概念条理清晰、内容新颖、资料丰富,听课的人收获很大。在当时的背景下,先后邀请麦金尼和克雷斯贝来校讲学,克服阻力并突破长期的封闭,对于解放思想、促进国际学术交流,都起到了先导和示范作用。同年,经教育部批准,高廷耀教授获得德国洪堡基金会(Alexander von Humboldt stifurg)科研奖学金,赴德国留学进修,这是"文化大革命"后学院第一位出国留学人员。

1980年9月,环境工程专业第一届直接招收的30名本科生新生入学,学制定为五年,第一年主要学习德语,以便与德国进行学术交流或之后赴德攻读研究生。

1979—1980年,"给水管网平差计算机优化设计"和"气浮净水新技术"两项科研项目均获得了圆满成功,开始在实践中推广应用。

1981年4月,环境工程专业委员会成立,胡家骏教授任主任委员;5月,热能与环境工程系更名为环境工程系,正式单独成立全国首个环境工程系,成立给水工程和废水工程两个教研室,设给水排水工程[①]和环境工程两个专业。

全国气浮净水技术讨论会参会人员合影

---

① 2012年,在中华人民共和国教育部印发的《普通高等学校本科专业目录新旧专业对照表》中,给排水科学与工程(专业代码:081003)由给水排水工程(专业代码:080705)和给排水科学与工程(专业代码:080711W)合并而来。20世纪80年代前,也有"给水排水专业"等说法,本书编写过程中为保存资料原貌,未予修改。

全国气浮净水技术讨论会

同年11月,市政工程专业(本科生阶段名称为给水排水工程专业)和环境工程专业一同获第一批硕士学位点资格,第一批硕士研究生被授予硕士学位。市政工程专业获得全国第一批博士学位点,杨钦教授为全国第一批博士生导师。同时,从校内外引进大气污染控制、固体废弃物治理、环境影响规划与评价、噪声防治等人才,环境工程学科师资人员逐渐完备,师资力量逐步积累。

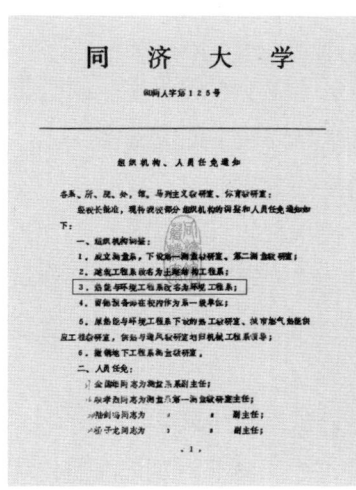

1981年5月环境工程系正式成立

早年的环境工程系

为适应计算机应用的需求及迎接教学、科研、经济建设新高潮，1981年下半年，环境工程开设计算机扫盲训练班，组织系里全体教师参加，由韦鹤平老师编写教材并上课，每次课后都会布置作业督促练习。当时，该计算机扫盲训练班在同济大学独树一帜，为计算机的普及与应用奠定了基础。

1981年，胡家骏教授访问英国，同年9月，其应邀赴美国参加国际水污染控制学术会议，成为改革开放后环境工程系第一位出国参加国际学术交流的教师。

胡家骏教授（右二）访问英国时的合影

1982年10月，撤销废水工程教研室，建立环境工程教研室。同时把原800平方米的给水排水实验室更名为给水排水与环境工程实验室。

1983年3月，市政工程专业招收第一批博士生。

1984年1月，环境工程专业获得博士学位授予权。

1984年7月，建成了当时定名的"环境大楼"（现"生态楼"），建筑面积为3 000平方米，是当时环境工程系办公、科研、教学等的主要场所，这也是环境工程系第一座自己的定点楼。

1984年9月，新设立的环境监测专业大专班试点新生入学。

1985年1月，为适应当时形势发展的需要，经工商部门登记注册，环境工程系成立了"同济水处理技术研究开发中心"，设有"工程设计室"

和"产品研制开发室",主要任务是将科研成果转化为生产力,成为同济大学第一处将科研成果产业化的基地,形成了"产学研"相结合的一体化模式,这是全国高校中首例产学研一体化的成功案例,对当时影响极大。

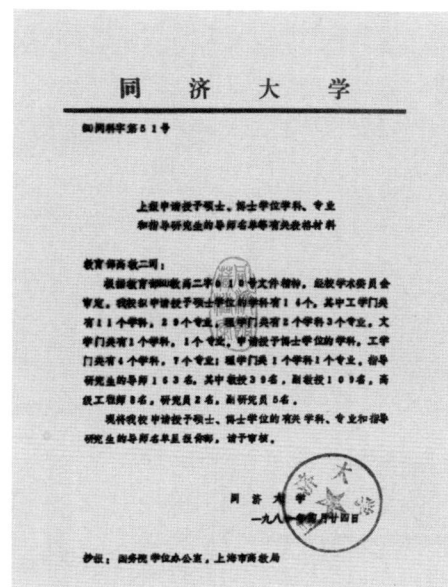

给水排水工程和环境工程申请授予硕士、博士学位学科资格

同年3月,在国家环境保护局和同济大学的共同鼎力支持和关怀下,正式成立"国家环境保护局–同济大学环境保护科学技术研究所",这是国家环境保护局与高校合作成立的第一个研究所,同济大学环境工程系在全国环境领域内开创了新局面,系主任顾国维兼任环保所所长。

同年11月,市政工程专业和环境工程专业被批准建立国内首批博士后流动站。

1986年,经国家城乡建设环境保护部统筹、环境保护局委托,在同济大学环境工程系设立"国家环境保护局–同济大学环境保护技术干部培训中心",并在同济大学建设"干部培训楼"宿舍。当时国家环境保护局提出:全国各地环境保护局(所),凡要提升技术干部的,都需到同济大学进行技术培训。环境工程系因此编写了符合培训要求的多种教材,并对具有相关专业背景的工作人员进行有计划的分期分批持续培训。作为全国环保技术干部的培训基地,环境工程系与各地环境保护机构建立了良好的交流关系。

1984年建成的"环境大楼"(现"生态楼")

同年,环境工程系教学机构做了适当调整,撤并了四个教研室,成立了固体废弃物处理工程教研室和环境系统工程教研室,给水排水与环境工程实验室改为环境工程实验室。

1987年1月,第一届市政工程专业博士生毕业,他们被成功授予博士学位。同年5月,来自联合国环境规划署(United Nations Environment

同济大学水处理技术研究开发中心成立仪式

Programme，UNEP）、美国、德国、英国、日本、泰国等70余位专家、教授、学者参加第一次在同济大学环境工程系组织和召开的"环境保护技术国际学术研讨会"。这是全国高校环境系统第一次举办国际学术会议，在国内同类高校中产生重大影响。

在国家环境保护局的建议下，1988年10月，同济大学批准成立同济大学环境工程学院，这是在全国高校中第一个以环境工程学院建制的单位。国家环境保护局局长曲格平教授任名誉院长，顾国维教授任院长。同年12月2日在"一·二九"礼堂举行成立大会，曲格平局长、校领导、有关单位和兄弟院校到会祝贺。

1989年2月，高廷耀教授任同济大学校长，他是同济大学历史上的第一位、由给水排水专业毕业、从事水处理教学的教授任正校长。这不仅提升了环境工程学院的声誉，更是大大激发了学院师生自强不息、奋发向上的精神。

同年6月，经过全面的考核和评审，中华人民共和国国家计划委员会（现为国家发展和改革委员会；后文简称为"国家计委"）正式批准同济大学和南京大学联合建立"污染控制与资源化研究国家重点实验室"。该实验室获得世界银行总计135万美元的贷款，为购置先进仪器设备提供了资金保障，使环境工程学院的科学研究进入了"国家队"。

1988年成立环境工程学院

同年，建成了由国家环境保护局投资、建筑面积为5 000平方米的"学院大楼"（现"明净楼"），院级和各教研室机构搬入新大楼办公。大楼内设有大小会议室、学术报告厅、资料室（后发展为院图书馆）、阶梯教室等。原"环境大楼"（现"生态楼"）全部改建为教学与科研实验室。

1993年3月，经国家环境保护局批准，在同济大学环境工程学院设立"国家环境保护局-同济水污染处理设备质量监督检验中心"，当时，能够在一个学院同时由国家环保局设立"环境保护研究所""干部培训中心""质检中心"三个单位，这在全国高校中是绝无仅有的，可见国家环

1989年建成的"学院大楼"（现"明净楼"）

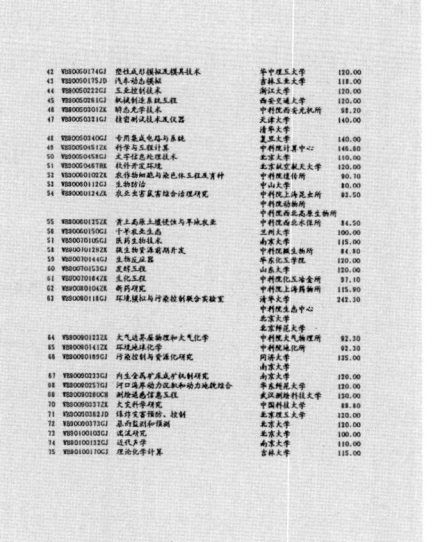

国家计委批准建立"污染控制与资源化研究国家重点实验室"发文

境保护局对同济大学环境工程学院的信任和重视，同时也进一步提升了学院在高校中的先进示范作用、良好影响和学术地位。

1995年9月，经过激烈的竞争和严格的评比，国家计委批准在同济大学（环境工程学院）建立"城市污染控制国家工程研究中心"，得到世界银行270万美元贷款。作为一个国家级多功能工程研究中心，成为环保科研的孵化基地和科研成果的转化中心。

1998年4月，学院成立"上海同济水净化工程有限公司"，其主要从事"特种水处理（除铁、除锰、除氟、水的软化等）""海水、苦咸水淡化处理"和"水的除盐处理"等工作。

至此，环境工程学院在水处理方面人才齐全、研究深入、成果丰硕，形成了完备的科学研究与工程设备研发体系，可承担不同类型的水处理研究（含方法和处理工艺）、工程设计、处理设备和产品研发任务。彼时，全国其他设计研究院和高等院校一般都各自从事某些方面水的研究和工程设计，而同济大学环境工程学院已实现了"全流程"水处理。

同年8月，联合国副秘书长、环境规划署执行主任、同济大学荣誉教授克劳斯·托普弗（Klaus Töpfer）访问同济大学环境工程学院，与学院教师们座谈全球环境保护与环境教育问题。

同年，环境工程学院正式改名为"环境科学与工程学院"。这一改名意义重大：一是说明环境工程学院由"工科方向"转为"理科"与"工科"相结合的方向；二表明了科研应与工程相结合的态度；三是点明学院是一所教学与科研紧密结合的研究型学院。

正式更名为环境科学与工程学院

1999年2月，学院建立环境科学与工程一级学科博士后流动站。

2000年，为了进一步整合科研力量，组织教学与科研队伍，加强学科建设，并调动与发挥学科带头人作用，学院撤销市政工程、环境工程和固体废弃物处理工程三个教研室，成立水工艺与工程、水污染控制与资源化、固体废弃物处理与资源化、空气污染控制、环境科学等五个研究所，并成立环境影响评价研究室、海洋环境研究室、环境测试技术研究室等三个学院直属研究室。同年，学院获得首批环境科学与工程一级学科博士学位授予权。新设环境科学专业，可招收环境科学本科、硕士、博士。

2001年8月，第一批环境科学专业共30名本科生入学。

2002年5月9日，为加强全球环境与可持续发展的科学研究和人才培养，UNEP与同济大学签署协议，共同建立"联合国环境规划署－同济大学环境与可持续发展学院"。

"联合国环境规划署－同济大学环境与可持续发展学院"签约正式成立

2002年6月，环境工程学科被评为全国重点学科。12月，由同济大学牵头，联合重庆大学、南京大学、浙江大学、西南农业大学、西南师范大学（2002年时，西南农业大学和西南师范大学各自独立，2005年合并为西南大学）六所高校共同签订《合作成立重庆三峡研究院协议书》。

2003年8月，在重庆市正式挂牌成立重庆三峡研究院。同年11月，教育部批准立项，成立长江水环境教育部重点实验室。

2004年1月，学校批准成立了市政工程系、环境工程系和环境科学系。6月，学院荣获"2002—2003年度上海市环境保护先进集体"称号。撤销了水工艺与工程、水污染控制与资源化、固体废物与资源化、空气污染控制及环境科学五个研究所，同时撤销院属海洋环境和环境测试技术研究室，成立院属水环境综合整治研究所。9月，建筑面积超4 000平方米的"明净楼"扩建工程竣工。

2005年，环境科学与工程学科列为"985工程"建设学科。

2006年7月，污染控制与资源化研究国家重点实验室被评为"'十五'全国建设科技进步先进集体"。"长江水环境教育部重点实验室"通过中华人民共和国教育部科学技术司组织专家验收，并正式成立。

同年，成立环境规划与管理研究所。自此，同学院的市政工程系、环境工程系、环境科学系，共同形成了"三系一所"的科学研究与人才培养新格局。

批准设立环境科学系、环境工程系、市政工程系文件

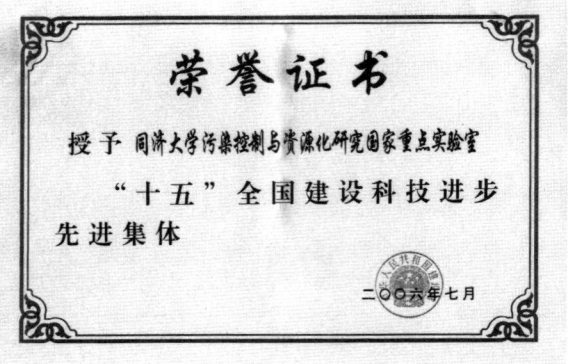

污染控制与资源化研究国家重点实验室获评"十五"全国建设科技进步先进集体

守正创新　与时代同发展

从学科初创到"三系一所"格局的形成，同济环境一步一个脚印，走过了一段曲折艰难但又意义非凡的历程。回望过去的七十余年，无论是党政组织机构的变迁，还是专业设置的调整，抑或是毕业生人数的变化，都能看到这一历程中所蕴含的时代背景和学科活力。

党政组织机构变迁

一个学院的发展离不开学校领导的总揽全局、协调各方，离不开党政组织机构的领导力、决策力与行动力。随着学校高等教育体制的改革、教育政策的迭代优化，学校党政机构随之进行调整，学院的党政组织机构也进行了相应的调整。同济环境系科在一届届党政负责人的坚强领导下，凝聚起团结奋斗的力量，从容应对各种复杂变化与挑战。

历届党政领导更迭表

单位名称	职务	姓名	任职时间	职务	姓名	任职时间	职务	姓名	任职时间	职务	姓名	任职时间
上下水道系	主任	杨钦	1952.9	副主任	谢光华	1952.9	支部书记	姜悦沐	1953.1			
							学生支部书记	吴伯贤	1953.9			
卫生工程系	主任	谢光华	1953.11	副主任	巢庆临	1953.11	学生支部书记（公路与卫生工程系）	吴伯贤	1954.3	学生支部副书记（公路与卫生工程系）	许钟秀	1954.3
							支部书记（测量与卫生工程系）	赵明洲	1954.9	支部副书记	郑瑞琴	1955.9
							学生支部书记	张忠祥	1954.9	总支副书记	秦永康	1956.6
							支部书记	吴伯贤	1955.9			
							总支书记	吴伯贤	1956.6			
城乡建设系	主任	谢光华	1963.11	副主任	赵骅	1957.9	总支书记	朱晓礽	1957.9	总支副书记	江东	1957.9
	代主任	胡家骏	1962.9		胡家骏	1959.8		赵璧	1958.11		陈修章	1957.9
					王时炎	1960.2		江东	1959.2		肖友慈	1957.9
					李德华	1960.3		赵璧	1959.9		胡建中	1958.11
城市建设系	主任	谢光华	1963.11	副主任	赵骅	1963.11		江东	1962.6		陈修章	1958.11
	副主任主持工作	胡家骏	1963.11		李德华	1963.11					江东	1959.9
	主任	胡家骏	1966.1								王本阳	1963.1
											马如龙	1965.8

19

（续表）

单位名称	职务	姓名	任职时间	职务	姓名	任职时间	职务	姓名	任职时间	职务	姓名	任职时间
城市建设系革命委员会	主任	杨英杰	1967	副主任	王本阳	1967	核心组成员	王本阳	1968.9			
					杨清添	1967		杨英杰	1968.9			
								杨清添	1968.9			
								林建维	1968.9			
								杨子龙	1968.9			
								张树堂	1970.5	支部副书记	王本阳	1970.5
给水排水专业连队	连长	王雪亭	1970.9	副连长	顾国维	1970.9	支部书记	张树堂	1970.1			
	政治指导员	张树堂	1970.9		杨贤智	1970.9						
				副政治指导员	王兴礼	1970.9						
					杨玲娣	1970.9						
水暖工程系革命委员会	主任	张树堂	1972.2	副主任	高福先	1972.2	总支书记	张树堂	1972.1	总支副书记	高福先	1972.1
					陈福金	1972.2					陈福金	1972.1
					杨钦	1972.2					林柏	1973.1
					肖友瑟	1974.1					秦钟良	1973.1
					谢光华	1974.1					李文连	1976.1
水暖工程系	主任	巢庆临	1978.5—1979.7	副主任	胡家骏	1978.2—1979.7	总支书记	肖友瑟	1977.1	总支副书记	秦钟良	1977.1
					肖友瑟	1978.2—1979.7					马如龙	1978.6
					陈芳甫	1978.11—1979.7						

（续表）

单位名称	职务	姓名	任职时间	职务	姓名	任职时间	职务	姓名	任职时间
热能与环境工程系	主任	巢庆临	1979.8—1981.4	副主任	胡家骏	1979.8—1981.6	总支书记	肖友瑟	1980.6
					肖友瑟	1979.8—1980.12	总支副书记主持工作	李鹏飞	1980.1
					陈芳甫	1979.8—1981.5	总支书记	秦钟良	1985.7
							总支副书记	秦钟良	1980.6
								马如龙	1980.6
								李忆	1983.4
环境工程系	主任	胡家骏	1981.6—1984.5	副主任	顾国维	1981.5—1984.5			
	名誉主任	胡家骏	1984.5—1988.10		高廷耀	1982.5—1984.3			
	主任	顾国维	1984.5—1988.10		钱维生	1984.5—1987.9			
					李国建	1985.4—1986.3			
					朱锦福	1986.3—1992.8	总支副书记	柳剑雄	1987.7
					秦忠良	1988.6—1989.11			
					范瑾初	1987.9—1992.8			
					杨海真	1991.7—1994.9			
环境工程学院	名誉院长	曲格平	1988.11	副院长	李国建	1988.11—1992.9	总支书记	秦钟良	1990.7
	院长	顾国维	1988.11—1993.9		朱锦福	1992.9—1994.9		李忆	1997.12
	副院长主持工作	范瑾初	1992.9—1993.8		何品晶	1992.9—1996.7	总支副书记	李忆	1990.7
	院长	范瑾初	1993.9—1994.9		杨海真	1994.9—1998.7		柳剑雄	1990.7
	副院长主持工作	刘遂庆	1994.9—1996.2		张玉先	1996.7—1998.7		顾林泉	1996.9
	院长	刘遂庆	1996.2—1998.7		金兆丰	1996.10—1998.7		王解英	1996.9

（续表）

单位名称	职务	姓名	任职时间	职务	姓名	任职时间	职务	姓名	任职时间
环境科学与工程学院	院长	刘遂庆	1998.8—2003.5	副院长	张玉先	1998.8—2003.5	党委书记	李忆	1997.12—2011.12	党委副书记	顾林泉	1998.12—2003.1
		赵建夫	2003.5—2004.4		杨海真	1998.8—2000.2	党委书记	黄翔峰	2011.12—2015.6		王解英	1998.12—2010.12
		周琪	2004.4—2012.1		金兆丰	1998.8—2002.2	党委副书记主持工作	安娜	2015.6—2017.3		黄翔峰	2003.11—2011.12
		戴晓虎	2012.1—2021.11		周琪	2000.2—2004.4	党委书记	柳剑雄	2017.3—2022.2		朱志良	2011.4—2011.10
		王志伟	2021.11—		赵建夫	2000.2—2003.5	党委书记	徐竟成	2022.2—		徐竟成	2011.12—2017.7
					李光明	2003.5—2010.11					钱昕	2011.12—2020.6
					夏四清	2003.5—2008.6					黄清辉	2017.7—
					李风亭	2004.6—2021.11					陆丽君	2021.3—
					尹大强	2006.11—2017.3					王志伟	2021.11—
					徐竟成	2008.6—2012.1					徐斌	2021.11—2022.2
					邓慧萍	2010.11—2021.11						
					杨殿海	2012.1—2017.3						
					王志伟	2017.3—2019.4						
					徐斌	2017.3—2021.11						
					陆志波	2019.4—						
					王颖	2021.11—						
					吴德礼	2021.11—						
					郑雄	2021.11—						

专业设置及变化

学院的发展历程见证了专业设置的多次调整，这些调整多是为了适应国家教育政策的变迁、人才培养需求的变化，以及学科发展的需要。从最早设置上下水道工程系，只设置给水排水工程专业，到后来陆续增设环境工程专业、环境监测专业、市政工程专业及环境科学专业，同济大学环境系科始终与社会需求、学科发展同频共振。

给水排水工程专业的设置及变化历程具体如下。

1952年，设置上下水道系（给水排水工程专业前身），招收本科生和专科生。

1953年，首届上下水道系本科生、专科生毕业；同年11月，上下水道系改名为卫生工程系。

1954年8月，上下水道专业改为给水排水工程专业。

1955年，给水排水工程专业由四年制改为五年制。同年停止招收专科生。

1957年，开始招收给水排水工程专业研究生。1960—1966年期间共6名研究生毕业。

1971—1973年，受"文化大革命"影响，给水排水工程专业无毕业生。

1974—1979年，培养了六届经推荐上学的工农兵学员，学制为三年。

1957年，设置的函授给水排水工程专业，至1970年应届生毕业后暂停高考招生，后于1981年再次恢复高考招生。

1977年，给水排水工程专业由五年制恢复为四年制。同年，恢复高考后，给水排水工程专业恢复招收本科生。

1978年，设置市政工程专业（本科阶段为给水排水工程专业），开始招收硕士研究生。

1982年，设置市政工程博士研究生点，1983年招收第一批博士生。

1985年，市政工程专业被批准建立国内首批博士后流动站。

1998年，市政工程领域工程非全日制硕士专业学位研究生开始招生。

2007年，市政工程领域工程全日制硕士专业学位研究生开始招生。

环境工程专业的设置及变化历程具体如下。

1979年，水暖工程系更名为热能与环境工程系，增设环境工程专业。同年，从给水排水专业中抽调学生开设环境工程专业试点班。

1980年，环境工程专业正式招收本科生。

1981年，热能学科部分划归机械系，热能与环境工程系更名为环境工程系，正式单独成立全国首个环境工程系，并成立给水工程和废水工程两个教研室，设有给水排水工程和环境工程两个专业。同年，环境工程专业获第一批硕士学位点资格。

1984年，环境工程专业获得博士学位授予权。

1985年，环境工程专业被批准建立国内首批博士后流动站。

1999年，建立环境科学与工程一级学科博士后流动站。

2000年，获首批环境科学与工程一级学科博士学位授予权，环境工程被评为上海市重点建设学科。

2001年，环境工程被评为国家重点学科。

2022年，环境工程－数学与应用数学双学位项目开始招生。

环境监测专业的设置及变化历程具体如下。

1984年，设置环境监测专业。

1986—1988年，共有三届专科毕业生毕业。

1991—1992年，共有两届本科毕业生毕业。

此后因国家专业目录科目调整，将环境监测专业并入环境工程专业。

环境科学专业的设置及变化历程具体如下。

2000年，环境科学专业本科生开始招生。

2002年，环境科学专业开始招生硕士研究生和博士研究生。

2004年，第一届环境科学本科生毕业。

2013年，环境科学专业博士招生按照环境科学与工程一级学科招生。

2023年，环境科学－会计学双学位项目开始招生。

能源与环保专业的设置及变化历程具体如下。

2011年，获批能源与环保专业。

2012年，能源与环保专业开始招收非全日制博士研究生。

2018年，能源与环保专业开始招收全日制博士研究生。

资源与环境专业的设置及变化历程具体如下。

2019年,获批资源与环境专业。

2020年,资源与环境专业开始招收硕士及博士研究生,培养模式涵盖全日制和非全日制。

历届毕业生人数

自系科成立以来,同济环境已为国家培养了一万五千余名环境保护领域的专业人才,他们成为我国国民经济建设和教育事业中的管理人员、专家学者和技术骨干力量,为我国社会主义现代化建设和生态环境保护事业做出巨大贡献。

七十余载征程弹指间,同济环境历经发展与变迁,不变的是秉持先辈精神传承,不忘的是"青山常在,绿水长流"的生态之本,这也是中华民族永续发展的根本大计。同济环境人的学术成果将持续书写在祖国的青山绿水之间。

历届毕业生人数统计表

届数	本科生/人				函授及业余本科生/人		专科生/人	研究生/人			
	给水排水	环境工程	环境监测	环境科学	给水排水	环境工程		全日制博士	全日制硕士	非全日制博士	非全日制硕士
1953届	28						54（水*）				
1954届	26						64（水）				
1955届	37						105（水）				
1956届	78						59（水）				
1957届	81										
1958届	87										
1959届	四年制改为五年制，无毕业生										
1960届	124						5（水）		3		
1961届	159				1				1		
1962届	57				16						
1963届	119				4						
1964届	72				10				1		
1965届	97				9				1		
1966届	50				24						
1967届	61				25						
1968届	62				21						
1969届	65				15						
1970届	92				2						
1971届											
1972届											
1973届											
1974届	102										
1975届	60										
1976届	40						30（进修）				
1977届	67						34（进修）				
1978届	86						33（进修）				
1979届	56										
1980届	0										
1981届	110								7		
1982届	95								5		
1983届	90										

* （水）是指给水排水专业。

（续表）

届数	本科生/人				函授及业余本科生/人		专科生/人	研究生/人			
	给水排水	环境工程	环境监测	环境科学	给水排水	环境工程		全日制博士	全日制硕士	非全日制博士	非全日制硕士
1984届	61	10							5		
1985届	61	30						1	6		
1986届	57	32			62		30（监测*）		6		
1987届	69	29			61		29（监测）	6	12		
1988届	70	32			41		28（监测）	2	36		
1989届	74	56			41			2	39		
1990届	73	66			80			4	9		
1991届	82	57	31		39			2	24		
1992届	61	61	31		80	63	30（水）	1	12		
1993届	63	50			91	58	30（水）	4	28		
1994届	59	27			69	20		4	13		
1995届	60	30			45	31		4	17		
1996届	62	30			43	32		8	27		
1997届	99	60			58	49		8	21		
1998届	110	24			40	17		9	20		
1999届	98	45			59	16		23	33		
2000届	68	55			25	15		10	31		
2001届	61	80			45	11		20	26		1
2002届	48	108			35	13		14	49	1	7
2003届	108	107			42	24		18	69	2	31
2004届	79	62			28	17		29	110	1	51
2005届	61	65	28		31	15		27	102	1	44
2006届	56	69	27		29	18		65	121	0	28
2007届	44	56	36		26	17		22	115	8	8
2008届	68	54	31		56	14		39	144	4	22
2009届	61	74	23		68	15		38	122	10	11
2010届	67	71	21		2			46	153	10	25
2011届	62	69	22					43	155	6	27
2012届	80	70	18					40	201	11	24
2013届	61	77	16					51	183	0	37
2014届	67	63	28					46	190	0	29

*（监测）是指环境监测专业。

(续表)

届数	本科生/人				函授及业余本科生/人		专科生/人	研究生/人			
	给水排水	环境工程	环境监测	环境科学	给水排水	环境工程		全日制博士	全日制硕士	非全日制博士	非全日制硕士
2015届	60	64		32				47	179	0	32
2016届	78	78		21	34			49	200	0	34
2017届	79	64		33	46			38	228	0	37
2018届	69	71		22	36			45	201	2	28
2019届	51	63		24				53	204	0	12
2020届	72	68		25	18			50	202	4	11
2021届	66	62		29				56	212	9	19
2022届	73	71		36				65	190	4	33
2023届	59	60		32				76	194	4	4
小计/人	7 644				1 902		531	5 604			
合计/人	15 681										

跬步千里　聚势谋远

在同济环境系科的七十余年光辉历史中，一代代同济环境人结合国家建设与学科发展需求，从无到有、聚沙成塔，紧紧抓住时代机遇，不断壮大环境系科实力，在教材编写、实验室建设、科研平台及国际化发展的过程中奋勇向前、锐意进取，为系科高水平发展奠定了不可撼动的基础。

本章从教材编撰修订、科研平台建设、推动对外交流三个视角，回顾同济环境系科七十多年来的奋斗和成长足迹。一本本凝结了教学科研一线心血的教材，拔地而起的高水平实验平台，"引进来"又"走出去"的对外交流活动，是过往岁月的记录，亦是精神财富的积淀，细细品读，可为今日同济环境的发展带来诸多有益的启迪。

十年修书　百年树人

新中国成立初期，百废待兴，在推动现代化发展的进程中，国家亟需培养各个领域的科研人员及专业人才。然而当时国内没有自己的环境类专业教材，只能从苏联引进外文课本，经由翻译后形成教案，再用于教授学生。编纂更贴近中国国情及需求的本土化教材，成为十分重要且紧迫的任务。在这样的形势下，同济的一批老教授们秉着开拓创新的精神，组织编纂了多本教材，对专业领域的人才培养与学科发展产生了重要的影响。从中我们选取了《给水工程》《水污染控制工程》和《取水工程》三本教材，通过重现它们的编写历程，记录老一辈同济环境人敢为人先、求真务实的探路者精神。

《给水工程》于20世纪60年代初首次公开出版，是最早与给水相关的教材之一，其由杨钦教授、严煦世教授、范瑾初教授等一代代人的心血凝结而成，薪火相传，为后来其他教材的编写打下了坚实基础；《水污染控制工程》的特点是应用范围广，国内使用这本教材用于专业授课的院校不在少数，在学科领域具有广泛影响；《取水工程》为了让学生能够将书本联系实际进行学习，不惜费尽心血将课程内容拍成视觉教材，其大胆采用教学电影和幻灯片的方式反映了同济工科教学的扎实、严谨与创新。这三本教材是众多自编教材的缩影，犹如璀璨群星中闪耀的启明星，它们背后的创作故事值得记录传承，以此致敬前辈，勉励后辈。

"字字编写皆心血，五版更易不寻常"——《给水工程》编写回忆

环境学院馆藏着《给水工程》这本教材，它是我国在1961年第一次公开出版的给水领域专业教材，虽书页已经泛黄，但依然保存得平整完好。这是在我院老前辈杨钦教授的主持下，由同济大学和哈尔滨建筑工程学院的7名教师共同完成编写的给水排水工程专业试用教材。虽然由于"文化大革命"，该试用教材未能再版，但为此后《给水工程》教材的编写奠定了基础。

"文化大革命"结束后，高考恢复，为适应新的需要，杨钦、严煦世两位教授开始主编新的《给水工程》教材，随着时间推移，参加编写的人员也不断变化，但《给水工程》一直由我校担任主编，其他几个兄弟

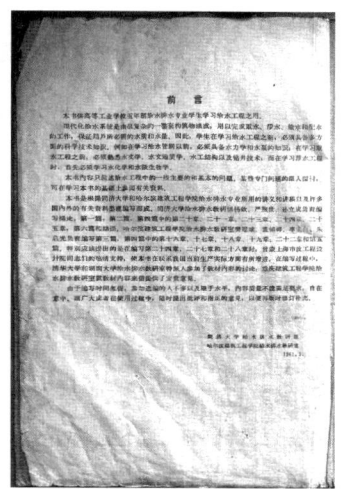

《给水工程》（1961年版）

院校参与编写。

《给水工程》教材的第一版（1979年出版）和第二版（1986年出版）的主编分别是杨钦、严煦世教授，参与编写的有其他五所院校的11名老师（包括主编）。杨先生去世后，第三版（1995年出版）和第四版（1999年出版）的主编是严煦世、范瑾初教授，参与编写的有其他四所院校的5名老师（包括主编）。

《给水工程》教材第五版（2022年出版）主编是严煦世、高乃云教

《给水工程》（第一版至第五版）

授。此时范瑾初教授由于健康原因不再担任主编，但他仍关心《给水工程》的编写，承担了主审工作。第五版的4名（包括2位主编）编写人员均为我院教师。

长期以来，我院对《给水工程》教材的编写工作一直非常重视，要求十分严格。1961年版和"文化大革命"后编写的《给水工程》第一版与第二版虽被称为"试用"教材，但当时为各高校广泛使用，本教材的框架体系已经较为成熟，由此可见杨钦教授等前辈一贯的严谨治学精神，这种精神在《给水工程》教材的编写中流淌、闪耀、代代相传。

《给水工程》教材的每次再版，会修改约20%的内容。随着版次的增多，教材内容不断更新，框架体系愈趋成熟。从第一版到第四版，由于当时计算机打字与绘图仍未大范围推广，教材与习题、配图都需要编写人员手写和手绘。通常编写团队从接到任务、讨论大纲到最终出版，中间需要两年左右的时间去精雕细琢，编写其间需要的耐心、细心以及投入程度可见一斑。在编写第三版时，范瑾初教授作为主编，更是专门在北京居留半月有余，其间多次上门向主审请教，与出版社责任编辑当面沟通。也正是因为这样的精益求精，《给水工程》（第三版）荣获了国家级教学成果奖二等奖。

一本教材的质量高低，首先取决于主编，同时参编者的专业水平和教学理念也是重要因素，历版《给水工程》教材的参编人员均是专业水

1989年7月，高等院校给水排水、环境工程教材编审会

平较高且具有丰富教学经验的教师。教材内容选择、深度把握、文字表达，甚至图表的运用等，都是由主编提出要求，主编与参编教师共同讨论后分别编写，再由主编修改后提交主审，主审确认后方能最终定稿。《给水工程》一书的出版及每次再版都严格遵守这一编写流程。也正因如此，该书逐渐成为国内广泛运用的优秀教材，受广大师生的认可和喜爱，这不仅是对教材质量以及教学实用性的高度认可，也是对编写人员教学理念和辛勤付出的高度肯定。

"实践出真知"的典范——《水污染控制工程》编写回忆

教材与实际国情的结合十分重要，为了能够让学生联系实际、学以致用，同济环境学科的教师们在教材编写上煞费苦心，《水污染控制工程》的出版与几番再版就是典型案例。

《水污染控制工程》的编写者之一周增炎老师回忆说，他自己当年读书的时候用的是翻译成中文的苏联教材，教材内容比较老旧，如果按照教材中的经验和标准来进行实践，并不符合中国的实际国情。在1970年第一届工农兵学生入学时，高廷耀教授已经筹划要编写一本属于中国自己的教材，但因工农兵学生的学习基础比较薄弱，因此他先是为学生亲自撰写讲义，后来又带第二届工农兵学生去毛纺厂实际调研废水处理，从一个个嘈杂的车间到刺鼻的下水道，一丝不苟，认真调研，形成了实践与理论相结合的教学模式，也逐渐形成了《水污染控制工程》教材的编写理念。

1977—1980年，学院根据国家高校统一教材的编写需求，完成了《排水工程》一书。其间周增炎老师跟随胡家骏教授到南京炼油厂、肉联厂等工厂进行实地考察调研，老师们自己每天携带装置去化验水质、计量水量，因工作量大且工作内容复杂，他们在厂里整整住了三个月才摸清了各种工业废水的情况，为后续教材的新编打下了扎实的基础。

随着时间的推移，考虑到原有教材内容不够与时俱进，加上各个学校的环境工程专业设置和培养侧重点不同，于是高廷耀教授提出需要一本新的教材，希望这本教材不仅能给学生使用，从业者也可从中获得帮助。为此他联系了学院其他几名与自己研究重点不同的老师一同参与编写。从开始到完成，《水污染控制工程》历时三年，其凝聚了以高廷耀教授为代表的编写人员的心血，直到1988年才得以出版。

《水污染控制工程》这本教材的书名是由高廷耀教授拟定的，书名进一步扩大了"排水工程"的概念内涵,既包含了城市排水,还囊括了水体等内容,拓展了师生对于课程的思考维度以及对水污染防治的全面关注。

不同于寻常的"工作任务",《水污染控制工程》每一版教材的更新都是老师们自发组织的,每当在教学中发现有一些内容不够与时俱进时,老师们就会提出修订建议,编委们便会立刻组织开会,针对哪里要删减,哪里要补充的问题"吵"上个几天,达成共识后就各自领了任务去编写,内容分配也是根据老师们各自的科研重点及教学经验来确定。

每一版的更新不仅需要编写者们广泛且深入阅读新知识,在教材中加入学术前沿的研究成果,更是要立足我国水污染实际情况进行修改。周增炎老师在编写第二版内容时,当时全国只有上海有污水处理厂,为了拿到最新的数据,他常常到工厂现场去观察他们的污水处理方式,研究分析下水道的实际构造和书中图片与内容的不同之处。

插图绘制在当时是十分复杂的工作,所有图片均为手绘,为便于读者理解并配上注释和数据,图片的位置、文字注释的排版等内容都要和出版社一一对接确认,其中投入的时间精力难以想象。但高廷耀老师始终秉持着严格把关的态度,不厌其烦地对教材反复进行修改和调整,确保最后的准确性。

《水污染控制工程》(第三版)入选第一批"十二五"普通高等教育本科国家级规划教材,并拿到了首届全国教材建设奖二等奖,至今依然是环境学科领域的必读书目。这些成果都得益于一辈辈编写教师对求真务实、理论与实际相结合的不懈坚持。而在未来,这本教材还将一直更新下去,在一代代同济环境人的手中不断与时俱进。

"将教材写在荧幕上"——《取水工程》教学电影和幻灯片制作往事

改革开放之后,中国走上了一条崛起之路,经济的快速增长推动着城市基础设施建设的更新发展,因此对专业技术人才的需求极大。同济大学给水排水专业为城镇和工业供水输送了诸多人才,《取水工程》课程在人才培养体系中肩负着重要使命。1980—1981年间,学院的朱月海老师和王学云老师完成拍摄的《取水工程》教学电影和幻灯片,是一项具有示范意义的教学创新案例。

当时建造供水水厂,首先要解决的是取哪种水、在何处取水、采用哪种取水构筑物等问题。然而取水构筑物因受不同地质、地貌的影响而分布在全国各地,学生们看不见,摸不到,对知识缺乏具象概念,难以达到好的教学效果。

按已有教材情况可知,上课之前任课老师会预先绘制插图,上课时结合教材和插图进行讲解,尽管老师们尽了最大的努力,但教学效果总不太理想。知识点晦涩难懂,学生们易感到枯燥无味,专业教师对《取水工程》教学也总感"头痛"。

强烈的教育责任感,使任课教师下定决心要对《取水工程》的教学方法和内容进行改革创新。1980年年底,任课教师朱月海和王学云几经研讨后决定拍摄《取水工程》教学电影和幻灯片,采用视觉化的影视进行教学,培养学生们对该门学科的兴趣。

朱月海老师和王学云老师的方案提交之后,得到了校电化教育组(以下简称"校电化组")的大力支持,校电化组当即决定派出两位摄影师配合拍摄。然而在实际操作过程中,却面临着比预想更大更多的困难。首先是经费问题,由于当时改革开放刚起步,经费十分紧张,学校虽然支持这个项目,但也仅能批准5 000元,单是交通住宿费都无法满足需求。为了解决经费问题,朱月海老师和王学云老师一方面积极争取各地有关部门(特别是自来水公司)的支持;另一方面,两名老师想方设法节省路费,除照顾校电化组两名摄影师乘火车硬卧之外,他们二人都是乘硬座往返。第二个要解决的问题就是联系拍摄的单位,那时联系远方的人颇为困难,每个系只有一部长途电话设在系办公室,有时拨不通,有时拨通了但负责人不在,或需要研究后才能决定,一来一往相当麻烦。两名老师不厌其烦地多次沟通协商,终于让拍摄任务得以顺利进展。

此外,拍摄的工作量也极其巨大,前期需要全面地搜集全国范围内各种取水构筑物的分布资料,包括地点和交通路线,而正式开始拍摄后,更是要跑遍全国东、南、西、北、中部等近30个省市,从黑龙江哈尔滨到广西桂林,老师们的脚步遍布大半个中国。赴边远地区拍摄时,由于交通不便,火车上最久要坐整整4天3夜,因长时间乘坐火车,双腿血液难以循环流通,到目的地后,老师们常常双脚浮肿发麻,未待恢复又得继续乘坐火车前往其他地区拍摄。还有不少拍摄点的取水构筑物远离水厂、车辆难以进出,为此需要起早摸黑,肩扛摄像机、身背工具包,跋山涉水,其中的艰辛难以一一细数。

经历春夏秋冬一年多时间的昼夜辛勤,老师们终于艰难地完成了野外拍摄任务，搜集了相对齐全的素材，拍摄了国内现有的所有地面水和地下水取水构筑物。拍摄完成后接着要做的是影视制作，对于不懂电影艺术的新手来说，这无疑是一项艰巨的任务和挑战，分类、剪切、配动画、编写解说词、配解说和配音乐等，一切全靠自己独立摸索。朱月海老师几乎废寝忘食地投入工作，有一个星期日，朱老师带着两个馒头从早上7点多进入"暗室"，到晚上11点才回家，当时家庭和"暗室"都没有电话，无法及时联系，那天晚上朱老师爱人带女儿到学校给朱老师送晚饭，但不知道"暗室"在哪里，问了学院很多人都不知道，最后找了一个多小时只能回家了。靠着这样的精神，朱月海老师和王学云老师花费近半年时间，完成了八部不同取水构筑物的教学片电影（每部放映时间30分钟，共240分钟）和680张幻灯片，并配有解说词。

《取水工程》教学片电影（含幻灯片）是全国高校给水排水专业的第一部电化教学片，是对《取水工程》教材的有力补充。其正式发布后，对全国给水排水专业影响很大，包括清华大学在内的10多所高校纷纷前来购买，专业教学中的适用范围十分广泛，为专业人才的培养提供了助力。尽管随着时代的变迁，教学方式不断更新，这部影片及幻灯片已经退出历史舞台，但在当时这样一部教学片的出现展示了同济工科教学严谨踏实的风采，具有表率作用。

教材编写是国家教育改革的一盘大棋，参与者不求名利，动力纯粹来自对教育事业的忠诚和热爱，对培养社会主义事业建设人才的信心和决心。编写教材的过程中，老师们不仅常常需同时忙碌于手头的教学工作或是科研项目，还要负责各类课程教材的编写，因此编撰团队需要有学科顶尖的专业能力、与时俱进的知识、极高的编写水平，以及强大的意志和毅力，耐得住时间和精力的考验。老一代这种兢兢业业、克己奉公、无私奉献的精神，必将深深影响和传递给环境学院年轻一代的教师们，薪火相传、生生不息。

积基树本　建强平台

环境系科成立之初，并没有独立的实验室和学院大楼，更不用说各类科研平台了。老一辈教师们深知对于需要以实验论证理论的环境学科，试验场所及科研平台的建设是非常必要的，在系科发展的早期，他们不顾万难，一手建立起了教学实验室。后来，一代代同济环境人想尽办法、抓住发展机遇，结合国家建设与学科建设的需求，先后成立环境科学与工程国家级实验教学示范中心、污染控制和资源化研究国家重点实验室、城市污染控制国家工程研究中心、长江水环境教育部重点实验室、可持续城市水系统国际联合研究中心等极具影响力的教学科研平台。"建强平台"这一宗旨深深融入了学科发展的血脉之中，为同济环境系科的高质量高水平发展奠定了坚实的基础。

勇克开局之难　白手起家扩大实验室规模

我院一直秉持自力更生的奋斗精神，从一穷二白中建起试验平台。1956年，当时的给水排水专业率先创建了简易的给水排水实验站，供师生开展教学示范和基础实验模拟。1966年"文化大革命"开始后，学生全面停课，实验室惨遭破坏，仪器流失，设备被拆毁，实验室被用作宿舍和仓库，完全丧失了原先的基本功能和作用。1970年底，推荐的第一批"工农兵"大学生入学，老师们深感教学工作离不开实验室的支持，尽快重建在"文化大革命"中遭受严重损坏的给水排水实验站的任务更加迫切。老师们说干就干，凡事亲力亲为，从最初清理场地开始，接管道、布电路、装电灯、刷墙壁、换砖瓦、修门窗，再到收集桌椅、搬运橱柜、寻回药品、寻找仪器、平地面、铺马路、挖水沟和制作实验模具等琐碎小事，样样都是自己完成，最后终于把实验室恢复了，并经过努力，还增设了微生物实验室。

当时国家经济尚未复苏，百业待兴，经费十分拮据，但教学内容与时俱进不断丰富，所需的教具和模型越来越多，怎么办呢？只能由老师们自己构思、设计和制作教具。这里就一定要提到一位"有功之臣"——梁存楷老师。梁老师早先在上海工业设备安装公司工作，是管道安装班长，曾到非洲加纳进行过援外工作，动手能力极强，1970年作为第一届"工农兵学员"进入给水排水专业学习，毕业后留校到实验室工作。梁老师自己读书时就发现，虽然多次到水厂参观实习，但处理水的构筑物大多数淹没在浑水下，不易看清弄懂，对理解原理的帮助十分有限。了解到在校学生也有同样的困惑，梁老师反复琢磨解决办法，萌生出用透明的有机玻璃制造水处理模型的想法。虽然当时经费、工具、空间都很有限，但这一想法得到当时系主任顾国维教授的大力支持，从教学经费中调出部分资金先搞模型试点。首先制作的是一个虹吸滤池和一个斜板沉淀池，令人惊喜的是，通水试验运行效果非常好。这时，恰逢一家单位联系学院帮忙加工水处理装置，这一合作获得的加工费刚好可用来制作水处理模型。"万事俱备，只欠东风"，梁老师晚上在家设计计算和绘制图纸，白天在实验室争分夺秒地赶工，经过长时间的艰苦努力，设计制作出50余套实验装置，包括可运行操作的大型普通快滤池、虹吸滤池、V形滤池、机械加速澄清池、脉冲池、水力循环澄清池、斜管（板）沉淀池、悬浮澄清池、平流沉淀池、气浮净水装置等，基本上把当时的水处理设备都囊括其中。之后又加工制作了几十套水力学和城市垃圾处理的装置。玻璃模型透明度高，水处理构筑物的内部构造、工作过程、原理、运行状态都一目了然，解决了污水处理厂因设备在污水下看不清的难题，深受学生们的欢迎。美国给水处理专家克雷斯贝（T. L. Heasby）来访参观时称赞，从未见过如此精彩的模型。哈尔滨工业大学、清华大学、香港大学、香港科技大学等兄弟院校参观学习后同样赞不绝口，纷纷来询问设计图纸，或代加工制作的事宜。

1980年之后，系科迅猛发展，在给水排水专业基础上成立了环境工程系，实验室对场地空间的需求越发迫切。由于没有自己的学院大楼，只能先在露天的场所做实验。在一个下雨天，顾国维教授邀请李国豪老校长前来探望师生，李校长骑着自行车过来，看见冒着大雨做实验的师生，感动的同时也意识到建楼势在必行，他很快向教育部打申请，着手筹备。在积极争取之下，一座建筑面积为3 000平方米、初具规模的五层大楼于1985年拔地而起，并被命名为"环境大楼"，也就是现在的"生态楼"，这是同济环境自己的首幢定点楼。

1986年，国家环保局在同济大学正式设立环境保护技术干部培训中心，这对当时的环境工程系来说又是一个难得的机遇。这次机遇缘于此前环境工程系六次承办试行班时的认真负责、精益求精的态度和不断总结提升、积累的丰富办班经验，使国家环保局最终决定将培训中心设立在环境学院。基于培训中心这一平台，环境学院不仅为国家培训了一大批环保技术干部，为环保事业做出了巨大贡献，也与国内各环保单位建立了更深厚的联系，提高了同济大学环境学院的权威性和知名度。国家环保局拨款350万元人民币，投资建造了建筑面积为5 000平方米的学院大楼（即现在的明净楼西侧主体）和建筑面积3 000平方米的干训楼北楼。1989年，学院大楼正式建成并投入使用，与生态楼相对而立。自此，环境学院拥有了相对现代化的办公楼和设施，整体空间资源上了一个新台阶。

2002—2003年为迎接重点实验室评估，在当时院长赵建夫的争取之下，学院向同济大学借贷400万元在明净楼东侧开始修建新的实验室；原来800平方米的平房实验室被拆除，2004年4月，总投资1430万元、建筑面积超4000平方米的新楼落成，与明净楼西侧办公区域相连，进一步改善了实验条件。

"万丈高楼平地起"，在一穷二白的艰苦条件中，老一辈同济环境人克服万难，实现了实验平台从无到有的突破；在实验平台的建设和科研条件的提升上，他们用日复一日的持续努力和各方争取，为后辈环境人创造了良好的实验条件，为系科持续高质量发展打下了坚实的基础。

抓住时代机遇　建设一流国家重点实验室

1984年，国家重点实验室建设计划正式启动，面向前沿科学、基础科学、工程科学等方向，开展基础研究和应用基础研究，推动学科发展，促进技术进步，发挥原始创新能力的引领带动作用。

这样的重大机遇不能错过，学院领导主动争取、积极准备，多次与相关部门单位沟通学习，汇报同济环境的学科优势和科研实力。经过不懈努力，1989年国家计划委员会（以下简称"国家计委"）批准同济大学与南京大学联合筹建"污染控制与资源化研究国家重点实验室"。项目于1991年正式开始建设，国家用世界银行贷款拨付的135万美元投入重点实验室建设，这在当时是一笔不小的费用，也能看到国家推动科研创新的决心以及对高校科研的重视。1995年重点实验室通过国家教委的验收，并对外开放。实验室的建立充分发挥了同济大学与南京大学相结合的优势，依托两校的环境工程、市政工程和环境科学三个学科点，环境工程、市政工程、环境化学和环境生物四个博士点，以及土木与水利和环境化学两个博士后流动站开展研究工作。

起初重点实验室以环境监测分析为主，配合需求开展调研。进入21世纪后，时任实验室主任的赵建夫教授为了让实验室步入时代新起点、打开新局面，推动后续的发展，考虑对实验室基础设施进行调整，为实验室营造一个良好的环境，吸纳更多人才加入。在他的积极争取下，学院扩建了明净楼，为国家重点实验室的基地建设打下了基础。

解决完"地"的问题，接着就是考虑"方向"，学院瞄准国家需求，紧紧围绕国家经济高速发展和城市化进程中重大共性环境污染问题，坚持以污染控制与资源化为中心，通过环境科学和环境工程学科之间的相互交叉和渗透，开展跨学科创新性基础研究。经过五年的努力，无论在定位的把握、研究方向的选择、研究成果的水平、队伍的发展还是在实验室建设等方面，都取得了显著的进步，呈现快速发展的态势。2005年4月，重点实验室迎来了国家第二次评估，在41个国家及部门重点实验室评估的激烈竞争中，获评良好类实验室。

时至今日，污染控制与资源化研究国家重点实验室提供涵盖光谱、色谱、生物、表征、前处理等方面的多平台大型仪器，成为学生科研检测最重要的设施支撑，可支持学生深度参与（包括国际合作项目在内的）学院各项研究之中，同时也面向全国高校院所开放，加大交流力度，提供资源支持，在环境学科领域其地位与影响力显而易见。

产学研一体化　着力打造高质量工程中心

20世纪90年代末，环境保护事业受到广泛关注，各大高校在水、气、固废等方向全面发力，重大研究成果百花齐放，随之而来的是如何将科研成果产业化、工程化，这成为环保领域可持续发展的关键点。

国家计委为促进高新科技在产业建设中的作用，依托科技实力雄厚的科研院所、高等院校或企业，集结了一批具有国内一流的工程技术、研究开发、设计试验的专业人才队伍，建设具有较完备的工程技术综合配套试验条件的技术研究开发平台，这是国家重大创新基地和国家创新体系的重要组成部分。

学院在这时牢牢抓住时代机遇，申请设立以产学研一体化为建设目标的工程中心，这一申请获得国家计委的重视，派领导和专家专程来学院听取汇报，而学院亦十分重视这次机会，做了充分的准备和评估。时任校长和副校长的高廷耀教授和顾国维教授将展示汇报的机会交予青年教师，有心锻炼年轻一代。当时刚留校不久的赵建夫老师肩负起答辩重任。为了准备好这次答辩，赵老师用整整一周的时间打磨修改，做了98页图文并茂的PPT，并将讲稿通篇背诵，一遍遍地练习，用生动的案例讲解了为何要将解决城市污染作为首要任务。汇报非常成功，一众评审专家给予好评，还邀请赵老师为其他院校做答辩辅导。1995年9月，学院不负期待，获得国家计委批复准予成立城市污染控制国家工程研究中心，学院第二个国家级科研平台就此诞生，也是全国范围内环保领域的第一个国家工程研究中心。

1998年，工程中心大楼完工并投入使用。中心大楼是获批成立城市污染控制国家工程研究中心之后，拆除了原本用于存放危化品和办活动的通天楼而建设的新楼。学院原本计划全额自筹经费建造并自行命名，后来结合各方考虑，依然由同济大学出资建造。

初期，由高廷耀教授担任工程中心首任主任，高老师结合实际，开始布局工程中心的发展方向，将发展方向聚焦于攻克饮用水水质处理技术的难点和盲点。20世纪90年代末，因黄浦江的污染严重，自来水水质非常差，而随着经济发展，民众对生活质量的要求不断提高，尤其对饮用水这种民生问题关注度越来越高，饮用水处理的市场前景十分广阔。给水研究一直是学院的王牌领域，此时将校内技术投入市场进行检验可谓天时地利人和。当时市面上的饮用水不仅价格昂贵（每桶要十几元），而且处理后的水是纯水，去除了人体所需的矿物质离子。在这种情况下，高老师决心要将供水站建在居民家门口，降低饮用水的成本，同时让居民喝上去除污染但保留对人体有益的矿物质离子的优质饮用水。高老师与范瑾初老师一起攻关研发了"优质饮用水生产及供应技术"，在上海居民小区建设水站，让居民们喝上了便宜且优质的饮用水。此举也得到了上海市政府的大力支持，获得了项目立项，一度在上海各个区得到大力推广。尽管这一项目随着时代和市场的变化而停止，但给工程中心奠定了以环保建设和市场需求为导向的工作基调。

后续，在高老师的带领下，工程中心将国内外适合水及固体废物污染控制和资源化的关键共性和方向性的重大环保高新科技成果进行系统集成和工程化的转化与开发，形成拥有自主知识产权、具有世界先进水平且成熟可靠、可供生产应用的国产化创新工艺与产品，并向市场转化，推动环保科研、企业有机结合，提高行业水平，增强技术和产品的市场竞争力。

自2007年国家发展和改革委员会（前身是国家计委，以下简称"国家发改委"）启动首次第三方综合评价以来，工程中心取得了4次"评估优秀"、1次"评估良好"的优异成绩。在2012年举行的"国家工程研究中心建设20周年成就展"上，获得国家发改委颁发的"重大成就奖"。2021年，城市污染控制国家工程研究中心顺利通过国家发改委优化整合评估，入选第一批新序列国家工程研究中心名单。

多年夯基筑本，同济环境的特色之一就是将成果落地，进行工程实践，这也是工程中心传承至今的法宝。新时代有新动能，亦有新挑战。发挥产学研平台作用、聚焦关键核心技术突破、重大科技成果工程化和产业化，城市污染控制国家工程研究中心始终在路上。

科研的设施、空间与平台是科技创新的基础，是国家科技创新能力的重要体现，更是抢占科技制高点、引领科技前沿和开拓新兴交叉领域的重器，对于系科发展的重要性不言而喻。老一辈同济环境人以卓绝的先见意识勇敢迈出第一步，实验室、教学大楼、科研平台从无到有、从弱到强，一步步脚踏实地走出具有同济环境特色的奋斗之路。除却前文所述的科研基地，长江水环境教育部重点实验室、可持续城市水系统国际联合研究中心、中国气象局上海城市气候变化应对重点开放实验室、上海市化学品分析、风险评估与控制重点实验室、长江环境样品库等都是照亮同济大学环境科学与工程学院前行之路的点点星光，也是与时俱进和祖国环保事业同频共振的重要里程碑。

对外交流　根植血脉

同济大学环境系科自开创以来，坚持开放交流，国际化基因深深烙印在学院发展的理念里。其间主要经历了三个阶段：第一阶段是"引进来"，1979年开同类高校中国际学术交流之先河，我院首次邀请了美国学者麦金尼来校讲学，成为改革开放后全国同类高校中首次邀请国际学者来校讲学的高校；第二阶段逐步深入拓宽对外合作交流，我院率先举办一系列国际会议、海峡两岸学术研讨会，将最新的科研成果、教育模式以及教育理念带进同济；第三阶段，我院成立了"联合国环境规划署－同济大学环境与可持续发展学院"，创新了国际学生的培养路径，将国际化推向一个新的台阶。

"敢为人先引进来"——首邀美国专家来校讲学

20世纪六七十年代，是世界经济和科技大发展的阶段，亚洲出现了"四小龙"，苏联第一个宇宙飞船上天，美国第一个登上月球。虽然美国科学技术发展迅猛、国防强大，但当时中美关系紧张，互不往来。在这样的背景下，要跨出国际交流的第一步存在着激烈的思想斗争，大家都在彷徨和观察之中，谁也不敢冒风险跨出这第一步。当时的同济大学环境工程系党政领导，在十一届三中全会精神的鼓舞下，分析了科技与经济社会发展的形势，判断走改革开放之路，学习发达国家的先进科学技术是必然之路，于是决定邀请外国专家来校讲学。

麦金尼教授讲课中

认真听讲

邀请谁来讲学成为当时重要议题，英、美、法、德、日等国有水平的著名学者很多，但应考虑具备典型性、代表性、针对性、权威性、高水平、有影响力的学者来校讲学，以打响全国同类学校对外开放的第一枪。经过摸底、比较和筛选，最终决定邀请美国堪萨斯大学污废水处理专家麦金尼教授来校讲学，麦金尼教授愉快地接受了邀请。

1979年1月，中美关系有所缓和，两国刚刚建立外交关系，10月17日麦金尼便来到同济大学，进行讲学和辅导做实验，为期整一个月（1979年10月17日—11月18日）。麦金尼教授在污废水处理方面学术造诣很高，在世界上是有权威性、影响力的人物，污废水处理的较多新工艺、新处理设备（构筑物）都是由他研究成功的。他待人和善可亲，对技术精益求精，讲课和做实验都非常认真：一方面，他将原理、机理、理论讲解得条理清晰；另一方面，他十分注重实践性，对实验要求严格，所有实验都亲力亲为。有一次几名老师做的实验结果给他审阅，他一看实验数据，马上说不正确，指出应在何值范围内，问题出在何处，应重新做。结果重新做后得到的数据完全在他指出的范围内，老师们心服口服，纷纷表示确实学到了不少知识。

麦金尼教授来校讲学，在当时引起了全国同类高校的专业教师、各市政工程设计院所及有关公司等工程师和研究人员的热烈响应，纷纷前来报名参加。当时遇到一个较大的困难是英语翻译，特别是专业英语翻译，因20世纪五六十年代毕业留校的教师学的基本上都是俄语，英语则是老师们在"文化大革命"后重新开始学习的。无奈之下只能请当时已经60多岁、1946年毕业于美国麻省理工学院的硕士研究生、老系主任胡家骏教授亲自当翻译。此事也引起了我院对培养专业外语人才的重视。

在当时，世界上有影响力的、权威的给水处理专家主要有两位：一位是当时苏联的明茨；另一位是美国的克雷斯贝。麦金尼来校讲学时向我院推荐了克雷斯贝，这正是我院所期待的，于是麦金尼回国后帮忙与克雷斯贝联系落实。克雷斯贝表示乐意来华讲学，时间为一周。1980年8月暑假期间，克雷斯贝应邀来同济大学讲学。

克雷斯贝教授来同济讲学的经历与麦金尼教授相似，再一次在相关专业从业人员中引起了轰动，各高校、设计院、自来水公司、有关研究所纷纷报名，希望可以来听这为期一周的宝贵课程，因客观原因和条件所限，这次课程不得不限定名额，即使这样，校教学南楼三楼中间可容纳150人的阶梯教室全部坐满还另外加座，有的人因无座甚至站着听课。

克雷斯贝教授来同济大学讲学

这种学习先进、学习科学、求知欲强的精神,使克雷斯贝教授深受感动。

克雷斯贝教授来华讲学时也遇到了专业英语翻译的困难,所以我院不得不请当时已60多岁、1937年留学英国帝国理工学院、1940年与1941年分别获得美国哈佛大学硕士研究生学位和密歇根大学硕士研究生学位的李善道教授进行翻译。他的翻译受到克雷斯贝教授的称赞和好评。

克雷斯贝教授独有的学者风度、齐全的资料、丰富的授课内容,以及每次讲课都留出一定的互动时间,深受大家喜爱与好评。8月是上海最炎热的时间,当时既没有吊扇也没有空调,只能在教室内四周及中间放大冰块降温。尽管条件有限,但克雷斯贝教授始终认真负责、热情洋溢地讲课,学员们安静听课、认真做笔记,学习气氛浓厚,收获丰硕。临别时,克雷斯贝教授赠予我院不少珍贵资料。那些他讲课的内容和留下的资料,有的编入《给水工程》教材中,有的用于实践中,如Komax管道静态混合器在工程设计中被大量采用,并编入《给水排水设计手册》中。

美国作为经济强国,是世界上科学技术发达的国家,中美建交后我们积极邀请美国学者来华讲学,就此开启了与美国学术交流的"门户",这不仅在当时的国内影响很大,还对欧洲等国也产生了一定影响。之后美国也积极作出了回应，1981年9月美国邀请胡家骏教授赴美参加国际水污染控制学术会议，成为"文化大革命"后全国同类高校中第一位出国参加学术会议的教授，跨出了"请进来，走出去"的第一步。之后，我院很快又与日本、德国、法国、英国等国家开展了学术交流，特别是与日本、德国之间关系更为密切，如高廷耀教授经教育部批准，于1980年9月—1982年5月，获德国洪堡基金会科研奖学金，远赴德国留学深造，是同济大学"文化大革命"后第一位出国留学的学者。

邓小平同志说："现在的世界是开放的世界。中国在西方国家产业革命以后变得落后了，一个重要原因就是闭关自守。""三十几年的经验教训告诉我们，关起门来搞建设是不行的，发展不起来。""我们提出要发展得快一点，太快不切合实际，要尽可能快一点，这就要求对内把经济搞活，对外实行开放政策。"在当时的背景条件下，敢于跨出"请进来，走出去"的第一步，完全符合邓小平同志的指导精神，是改革开放的尝试和体现，虽然当时"心有余悸"，但实践证明这种做法是完全正确的，是符合社会发展趋势的，是成功的。同时也鼓舞着我院要进一步解放思想，积极进行新的尝试。

"昂首阔步走出去"——首次召开国际会议和海峡两岸学术交流会议

1984年6月30日，邓小平同志会见了第二次中日民间人士会议日方委员会代表团，其间发表了"建设有中国特色的社会主义"谈话内容后，人们对中国的改革开放、社会主义经济建设有了进一步的认识和提高，这逐渐加快了我国改革开放的步伐，并走上正轨。当时，政府和民众都秉着要快速把经济建设搞上去、改善和提高人民的生活水平等想法，要这样做，必须思想再解放一点，胆子再大一点，改革开放的步伐再加快一点。而仅个别、少数人"请进来，走出去"的做法无法满足当时发展的需要，在这种情况下，当时的环境工程系开始酝酿筹备召开国际性的学术交流研讨会。

我院首个召开的国际会议是"环境保护技术国际学术交流研讨会"。20世纪80年代，彼时我国的环境保护刚刚起步，而发达国家环保事业已先行了几十年。加之当时我国的环境污染已相当严重，不少地区的生态平衡遭到破坏，水体污染问题尤为突出，1985年全国污废水排放量达341.5亿吨，其中工业废水约占我国废水排放总量75%，生活废水约占25%，有83%的污废水未经处理而排入水体，造成城市附近90%的水域受到不同程度的污染，穿越城镇的河流黑臭河段增加。水体的污染减少了城市水资源量，对自来水厂取水水源带来严重威胁，若环境污染再恶化，将会影响国民经济的发展和人们的生活环境质量，因此必须加快进行环境治理。治理主要依靠经济和技术两个方面，在技术方面我们需要加大改革开放步伐，向发达国家学习先进技术，因此同济大学环境工程系决定召开国际学术交流研讨会，特别邀请发达国家的学者参加。

召开国际学术交流研讨会应具备一些基本条件，但当时环境工程系的条件较差，没有大的会议厅和学术报告厅，只能将会场设在新建成的环境楼（实验楼）三楼教室中，会议桌均为课桌并在上铺白布，为满足会议复印资料的需求，环境工程系还专门购置了系里第一台复印机。1987年5月，在同济大学建校八十周年时，环境工程系召开了首届"环境保护技术国际学术交流研讨会"。

这是国内第一次召开有关环境保护方面的国际学术交流会议，来自联合国环境规划署、美国、德国、英国、法国、日本、泰国等高校的学者、专家、政府工作人员，以及国家环境保护局与下属有关环保研究所、清华大学、哈尔滨工业大学（当时为哈尔滨建筑工程学院）、华东理工大学、南京大学等著名高校的专家、学者、教授共计60余人参加了本次会议。收到论文50余篇，会上交流论文20余篇，气氛友好而热烈。这些论文具有针对性、现实性和实用性，质量很高，对未来我国环保事业的发展提供了前瞻性的思考，会议圆满成功。

同济大学环境工程系敢为人先，引领召开这种国际会议的精神是难能可贵的，也体现了同济大学环境工程系在环境保护，特别是水处理技术方面具有较高的水平和较强的实力，使各兄弟院校刮目相看；同时，这次会议也提升了同济大学环境工程系在世界上的知名度。通过这次会议，我院与上述国家的有关大学建立了广泛的联系，特别是与德国、日本等国关系尤为密切，共同搭建了技术文献资料和信息交流平台，互派学者讲学，还与德国数所大学建立硕士、博士生的双向培养模式等。我们怀着"和平与发展"的愿景，与世界各国特别是与在环境保护方面有先进技术的国家保持信息技术交流，为环保治理和经济建设贡献了同济力量。

除了国际之间的交流，同济大学环境工程系也十分重视海峡两岸的科技文化交流，发起了"海峡两岸环境保护学术研讨会"。当时大陆与台湾的交流甚少，同济大学环境工程学院决心要为大陆与台湾的环保技术交流打开大门，为大陆与台湾的科技人员互相往来、和睦相处、相互学习、共同进步提供平台，为环境保护做贡献，因此筹备召开"海峡两岸环境保护学术研讨会"。

在国家环保局的大力支持下，和清华大学等兄弟院校的协作下，召开研讨会的决定得到了台湾大学、台湾成功大学等高校及环境保护学（协）会等组织的积极响应，我院着手组织举办"第一届海峡两岸环境保护学术研讨会"。经过半年多时间的筹备，共收到论文100多篇，经适当筛选后整理而成1 000多页的论文集，会议于1992年9月23日至24日在上海银河宾馆召开。来自海峡两岸100余名代表参加了会议，进行交流和讨论，由于两岸参会人员文化背景同根同源，交流非常通畅，大家随和相处、亲切交谈、互相学习切磋。本次会议的成功举办为之后在台北市召开"第二届海峡两岸环境保护学术研讨会"奠定基础。

通过这次环境保护学术研讨会，学院和台湾各大学之间在环保领域与学科的联系更加密切，关系更为融洽。此后，台湾大学、台湾成功大学、台湾师范大学等高校教授也常来我院参观考察、讲学、作学术报告。

第一届海峡两岸环境保护学术研讨会

第二届海峡两岸环境保护学术研讨会

"联合国环境规划署－同济大学环境与可持续发展学院"成立纪事

继"引进来"和"走出去"后，同济环境人深感对外交流的必要性，开始探索可持续的、更深入的国际合作。

1998年8月，联合国副秘书长、联合国环境规划署（UNEP）执行主任Klaus Töpfer访问中国时，主动向国家环境保护总局提议希望可以访问同济大学，考察中国环境教育和科学技术发展。1998年8月26日，Töpfer副秘书长在国家环境保护总局祝光耀副局长陪同下，专程从北京来到上海，访问同济大学。吴启迪校长组织环境学院教授代表参加环境教育座谈会，并汇报同济大学环境教育和国际合作成果，原校长高廷耀教授和时任院长刘遂庆教授等作为学院教授代表参加了接待和座谈会。他们在会议前经过认真讨论，认为这是一次寻求与联合国机构建立全球环境教育合作的绝佳机会，可使学院的国际合作踏上更高一层台阶。借着这阵东风，高廷耀教授和刘遂庆教授联名代表同济大学环境工程学院写了一封书面信函给Töpfer副秘书长，建议联合建立"联合国环境规划署－同济大学环境保护学院"，使同济大学成为联合国环境规划署的全球化人才培养和环境科技发展合作伙伴。

在访问过程中，Töpfer副秘书长对同济大学环境教育成果表示赞赏，看过这封信函后，当场表达了浓厚的兴趣和高度支持，认为这是加快推进全球环境保护的好建议，并表示他们将尽快进行研究和答复。吴启迪校长也表达了同济大学对此建议的支持，并指示同济大学外事办公室与环境学院合作开展与联合国机构合作的政策和申办流程调查研究。同济大学外事办公室董琦主任提出将申办"联合国环境规划署–同济大学环境保护学院"列为学校重点外事活动，并由时任外事办公室副主任的吕培明和学院院长刘遂庆共同负责具体申办文件准备和内外联络工作，完善与联合国环境规划署的合作设想方案。之后，学校开始分别与联合国环境规划署亚太办公室（曼谷）、中华人民共和国教育部高等教育司和国家环境保护总局国际合作司进行汇报联系，听取意见和指导建议，得到了积极的支持和大力帮助。

1999年5月，同济大学向国家环境保护总局致函汇报接待Töpfer副秘书长访问同济大学的工作，请示关于成立"联合国环境规划署–同济大学环境保护学院"的政策和可行性，国家环境保护总局很快复函，表示将给予支持。

2000年7月20日，同济大学国际合作处致函教育部国际合作司，请示支持建立"联合国环境规划署–同济大学环境保护学院"的建议方案，认为与联合国机构建立合作关系是中国改革开放中环境教育国际化发展的宝贵机遇，后得到了教育部的肯定回复，教育部表达了赞同和支持。

原国家环境保护总局局长、时任全国人大常委会环境资源委员会主任曲格平作为同济大学的老朋友，长期支持和指导同济大学环境工程学院的成立和发展。2001年5月，曲格平主任再次来访学院，期间吴启迪校长会见了曲格平主任，向他报告了建立"联合国环境规划署–同济大学环境保护学院"的提案。曲格平主任对此非常赞同和支持，并表示要亲自参与这项工作的推进，并将其列入他本人2001年10月在日本与Töpfer副秘书长的工作会晤讨论议题。

2001年8月20日，经环境学院建议，吴启迪校长致信Töpfer副秘书长，并再次表达了同济大学与联合国环境规划署合作建立学院的真诚愿望。

2001年9月10日，曲格平主任致函Töpfer副秘书长，其中写道："我十分感兴趣的是同济大学具有主办国际型环境教育的条件和基础，在中国开办'联合国环境规划署－同济大学环境保护学院'将对全球环境保护、特别是对发展中国家的环境科技和人才培养具有重要的作用。我本人完全赞同在同济大学开办联合国环境署环境保护学院……我希望将上述提议列入我们今年10月在日本会晤时的讨论内容之一。"曲格平主任和Töpfer副秘书长的这次会晤为后来正式建立"联合国环境规划署－同济大学环境与可持续发展学院"起到了关键性的推动作用。

2002年3月4日至5日，UNEP预警与评估司司长Foresman先生和项目工作人员张金华先生受委托访问同济大学，在为期两天的工作会议中进行了广泛而深入的讨论。外事办公室董琦主任、吕培明副主任、环境学院刘遂庆院长、蒋大和教授等与张金华先生共同讨论起草了《联合国环境规划署与同济大学联合成立环境科学技术学院协议书（草稿）》和《联合国环境规划署－同济大学环境科学技术学院理事会章程（草稿）》两份文件，提交双方审议，并提出了合作项目的进度：

2002年4月，UNEP预警与评估司司长Foresman先生访问同济大学，进行进一步协商。

2002年6月，吴启迪校长和曲格平主任率团访问UNEP总部，确定双方合作条款，争取签订合作协议书，后因程序变动未进行。

2002年10月，在同济大学正式建立"联合国环境规划署－同济大学环境科学技术学院"，举行揭牌仪式，召开第一届"联合国环境规划署－同济大学环境科学技术学院"理事会会议。

2002年4月22日至23日，联合国环境规划署委派代表团一行三人再次访问同济大学，进一步深化和落实合作建立"联合国环境规划署－同济大学环境科学技术学院"的具体事项。吕培明副主任和刘遂庆院长共同主持了这次访问的具体洽谈工作。吴启迪校长和李永胜副校长会见了代表团，就国际化合作的意愿和意见进行交流，提议将合作学院办成全球环境教育和环境科学研究的创新基地。双方对2002年3月5日起草的合作协议书和理事会章程进行修订，呈报双方批准和签字。代表团参观了环境学院，UNEP预警与评估司司长Foresman先生作了题为"全球环境与可持续发展"的学术报告。

2002年4月23日下午，Töpfer副秘书长专门致电询问会谈情况，联合国环境规划署（UNEP）亚太区办公室主任Shrestha先生进行了电话汇报，Töpfer副秘书长对会谈成果表示非常满意。

会谈中，Shrestha先生根据全球环境与经济的发展形势，建议将合作学院名称改为"联合国环境规划署－同济大学环境与可持续发展学院"，双方赞同并决定将其作为合作学院的正式名称。

2002年5月9日，"联合国规划环境署－同济大学环境与可持续发展

"联合国环境规划署－同济大学环境与可持续发展学院"成立新闻发布会现场

"联合国环境规划署－同济大学环境与可持续发展学院"揭牌仪式

学院"签字仪式在同济大学科学院演讲厅隆重举行。Töpfer副秘书长、国家环境保护总局解振华局长、上海市相关领导及中外贵宾出席仪式。同济大学吴启迪校长、校务委员会主任周家伦教授举行了隆重的欢迎仪式。签字仪式由刘遂庆院长主持。首先，吴启迪校长致欢迎辞，随后由Töpfer副秘书长和解振华局长先后发表了全球与中国环境保护专题演讲。Töpfer副秘书长和吴启迪校长共同在协议书签字并合影留念。签字后，时任同济大学校长助理伍江宣读了全国人大环境资源委员会曲格平主任贺电，表达了对合作建立"联合国规划环境署−同济大学环境与可持续发展学院"的祝贺和支持。Töpfer副秘书长和吴启迪校长共同举行中外记者新闻发布会，宣布"联合国规划环境署−同济大学环境与可持续发展学院"的正式成立。

"联合国规划环境署−同济大学环境与可持续发展学院"的正式成立，开创了新颖的环境教育全球合作模式，在中国改革开放的大好环境中，得到了中国政府部门和联合国环境规划署的多方指导和支持，经过近四年的努力探索，取得了圆满成功，同济大学环境教育步入了一个新的发展阶段。

在全球化的浪潮中，面对新的国际形势，我们需要秉持人类命运共同体理念、团结互助、合作共赢。用好"联合国规划环境署−同济大学环境与可持续发展学院"这一优势平台，为国际环境合作和国家环境保护做出更大贡献。

"国际化"能够成为同济环境系科的一大标签，并非一蹴而就，其是从创立以来始终坚持的理念。三个发展阶段积极与时俱进、持续深化国际化程度，不仅需要有坚定的开放发展战略引导，更要有历任校、院领导和老师们的大胆设想与踏实落地。未来，环境系科也将继续沿着国际化方向前行，不断增强国际影响力，为中国环境学科的发展做出更多贡献，并在国际上提高我国环境学科的地位。

师者风华　筑梦启行

　　教师是专业领域的引路人和创新者，以杨钦、胡家骏先生为代表的一大批耕耘于环境领域教育教学的前辈们为我国环境教育事业、同济环境学科发展做出了卓著贡献。他们在环境学科的教育实践和前沿探索中深耕细作，以独特的创新精神和不屈的奋斗精神，建造了这座星光灿烂的知识殿堂。

　　他们是同济环境学科的奠基者，是中国治水事业的开拓者，更是心系学生成长、关爱提携后学的"大先生"。他们从教书育人、为人处事、学科发展和融入国家环保事业中积淀出无数人生智慧和成功经验，是"同济精神"生动有力的真实写照。他们是业界泰斗，亦是诲人师者，他们的风骨如巍巍高山，正激励着一代又一代的同济环境学子不断前行！

同济环境学科奠基者——记杨钦先生

生平简介

杨钦教授（1911—1991年），广东大埔人，中共党员。同济大学教授，同济大学给水排水科学与工程专业创始人，环境学科奠基人。1953年担任同济大学副教务长，1956—1983年担任同济大学副校长。1962年担任教育部高等工业学校外语教材编审委员会主任委员，1963年担任建筑工程部高等工业学校给水排水教材编审委员会主任委员。1972年，开创国内给水排水专业计算机应用技术研究的新纪元。1977年被评为上海市先进科学工作者，1977年和1980年先后两次获得上海市重大科技成果奖。1978年建立"给水排水工程设计和运行最优化"研究方向，1981年被国务院学位委员会评为我国首批博士生导师。2013年入选《20世纪中国知名科学家学术成就概览》一书。

经历战乱 立志科学救国

杨钦教授1911年出生于上海，其祖父在19世纪60年代从广东大埔来上海经商定居，虽家境清贫，但家中对教育十分重视。1918年，他开始在私塾念书，1926年考入上海民立中学，1931年凭借优异的成绩考取浙江大学土木工程系。1936年大学毕业后，赴美国密歇根大学攻读卫生工程专业研究生，获科学硕士学位。

1938年1月，杨钦教授回国，就任广州市新自来水厂工程处工程师，后因日军侵华，他不愿意在日本人的管制下工作，在1939年绕道越南，前往已迁至云南澄江的中山大学土木系任教，1940年到转迁至贵州遵义的母校浙江大学土木系任教，又于1942年转至重庆北碚国立复旦大学土木系任教。1944年，杨钦教授应邀去国立交通大学（重庆总校）土木系任教，直至抗战胜利，随国立交通大学迁回上海，1950年任交通大学土木系系主任。

1939—1950年间，杨钦教授经历长期战乱，颠沛流离，居无定所，在艰苦的环境中实践着科学救国的理想和信念。

1952年全国高校院系调整，杨钦教授被调入同济大学，创建同济大学上下水道系并担任首任系主任。其后的十年里，他以极大的热忱投身于教育和科研事业。1957—1966年间，杨钦教授分别发表了《关于沉淀池理论》《滤池过滤理论现状》《硅藻土滤池》《论给水管网技术经济计算中系数x》《复杂配水管网水力计算》等论文，成为本专业的标志性科研成果。

"文化大革命"期间，杨钦教授受到了不公正待遇，身心经历了痛苦的折磨。但是，他坚信中国需要先进的科学技术，在困难逆境中寻求专业科学技术发展的新机遇和新方向。当时大学全部停课，学术研究更是无从开展，坚持学习成为他强大的精神支柱，学校图书馆和上海图书馆成了他科学研究的主要阵地。在图书馆，他查阅了大量国外最新科学理论和技术，积累了大量科技文献资料，寻找到给水排水工程设计和运行最优化领域的新兴研究方向，成为我国给水排水计算机应用研究创始人。

创办专业　培养国家建设人才

给水排水工程是现代化城市建设和工业实施建设的重要组成部分，投资巨大，专业性强，在新中国成立初期的经济恢复和发展建设中具有重要的专业地位。新中国成立后，杨钦教授怀着满腔的热情投入国家建设高潮和教育复兴事业，为国家培养专门建设人才。他在国内组织编写了新中国第一批高等工业学校外语统编教材，并亲自主持、参加了给水排水专业教材的编审和编写工作，在20世纪中国高等教育领域中发挥了重要的领导和组织作用，做出了大量的创新性贡献。

杨钦教授非常重视对本专业领域先进技术的探索，早在20世纪50年代，他带领中青年教师开展给水排水工程领域的科学研究工作，在水处理反应沉淀机理、过滤理论、硅藻土过滤和给水管网设计与计算等课题研究中取得了大量开创性成果，撰写了众多科研报告，为给水排水专业发展和壮大提供了有力的支持，培养了一大批专业科研人才。

杨钦教授调入同济大学后，积极创办的上下水道专业成为给水排水工程专业的前身。他亲自制定培养方案，制定教学大纲，编写教材，带头承担了大量课堂教学工作。同济大学第一届上下水道（给水排水）专业28名本科生用三年时间完成了四年的教学计划，于1953年提前一年毕业，成为国内首批给水排水工程专门人才和国民经济建设的高级专业人才。其中很多学生成为我国科学技术领域的带头人并为国家现代化建设做出巨大贡献。

1954年，上下水道专业更名为给水排水工程专业，杨钦教授是中国给水排水工程专业奠基人之一，是同济大学给水排水工程专业的创始人。1957年，同济大学给水排水专业招收研究生，杨钦教授担任了研究生导师，与当时的苏联专家阿普基卡里夫教授合作，共同培养研究生，使同济大学成为中国给水排水工程高级专业人才的重要培养基地。他的第一个研究生李圭白，来自哈尔滨工业大学，1995年被选为中国工程院院士。

1957年，杨钦教授结合中国国民经济建设的需要，编写了国内第一本专业著作《给水外管网的设计与计算》，是我国给水管网工程和技术的第一本专著，为学科发展与人才培养提供了非常重要的作用。1961年，杨钦教授主持编写了高等学校试用教科书《给水工程》，奠定了国内《给水工程》教材的基本结构和内容，该书成为中国给水排水专业教育的重要里程碑。1980年，杨钦教授重新主编出版《给水工程》，并于1986年修订再版，成为我国给水排水专业使用时间最长、采用学校最多的给水工程专业教材，成为经久不衰的传世之作。

花甲之年　开创计算机应用研究

1972年，随着国外计算机技术迅速发展，国内也进入了科学技术发展研究的计算机时代。上海市政府在高安路建立了上海市计算中心，购买了全市第一台型号为"X-2"的电子计算机。

当时杨钦教授已年过花甲，在十分艰苦的条件下，他冒着寒冬酷暑，每天沉浸于图书馆查阅文献，带领着他多年的助手陈霖庆教授，一起推演数学公式、编写程序、修改纸带穿孔。其间，他和陈霖庆需换乘两部公共汽车，往返于同济大学和上海市计算中心之间，单程需要耗时近2小时。由于在计算中心上机操作需要登记排队，常常会排在半夜，他们只能提前出门，通宵工作，在计算中心里度过了许多日夜。一遍又一遍地修改和纠错，终于开发成功了国内第一个给水管网水力平差计算程序，开辟了国内给水排水专业计算机应用的先河。杨钦教授在上海市科学会堂发表了国内第一篇关于给水排水工程计算理论和计算机技术应用报告，在国内率先将计算机理论和技术引进给水排水学科领域，成为给水排水计算机应用技术研究和人才培养的奠基人。

1978年，我国恢复研究生培养制度，他建立了"给水排水工程设计和运行最优化"研究方向，成为国内给水排水专业科学技术进步的主要标志，1981年该研究方向被批准为博士点研究方向，培养了大批硕士生和博士生，众多学生已经成为国内外相关学术领域的专家、教授和高级管理人才。

1974年，杨钦教授第一次应用计算机完成福州市给水管网水力平差计算；1980年，第一次为国内某市给水管网工程设计进行计算机优化计算，节约建设投资5 000万元。

1979年，同济大学成立了以杨钦教授名字命名的"杨钦科研组"，并配备了科研人员和助手，其中有陈霖庆、韦鹤平和高乃云三位主要助手，还有俞国平和刘遂庆等研究生。1972—1989年，杨钦教授和他的科研组开发完成了近20个计算机应用程序，成为我国给水排水专业计算机技术应用领域的开创性成果。

他的前沿科研成果在国内得到了广泛的推广和应用，取得了显著的社会和经济效益。

矢志不渝　知识分子的楷模

杨钦教授逝世距今已30多年，但他在同济校园教学北楼三楼的一间朝北办公室里工作的场景却让许多老师和学生记在了心里：严寒的冬天里，他穿着棉大衣，戴着老花镜，面朝窗外亮光，拉着手中的黑色穿孔纸带，仔细地检查着他的计算机程序，他在寒风中微微地颤着，时不时揩去鼻涕，目光透过他呼出的白气却仍如炬。日复一日，年复一年，他为科学技术痴迷，把一个又一个新的计算机程序和开创性研究成果带进同济大学。

同事们常常念叨的另一个话题，就是杨钦教授衬衫上的补丁。在物资匮乏的年代，杨钦教授极其简朴，心系工作，专心研究，一点顾不上自己的物质生活。在他儿子杨璿的回忆里，父亲从来不讲究自己的生活，常常是一边思考科研问题一边穿衣，经常会因为穿上不同颜色的袜子去上班或会客而闹出笑话。

开展任何项目或教育工作，他也从不计较利益，只是将自己所做的一切视为对国家的责任与贡献。他曾让一位硕士毕业生去参与一个项目，帮助企业计算管网的搭建，项目结束后企业方坚持要给报酬，询问报价。学生问他意见，他只说："完成工作为先，企业满意了你再考虑酬金的事。"在工作和科研中求真务实的认真态度和高尚品格铸就了杨钦教授卓越的工作成就。

　　杨钦教授年近80岁高龄时，仍在指导研究生，撰写和发表了高水平科研论文。他一生热爱祖国，热爱中国共产党，严谨治学、为人师表，将毕生的年华和精力奉献给了中华民族的教育和科学技术发展事业，为国家和人民培养了大批高级专业人才，被誉为给水排水工程技术领域中的一代宗师。

　　杨钦教授是同济环境人的永恒导师，是中国知识分子的典范和楷模。

撰写人：刘遂庆

一腔热血寄山河——记胡家骏先生

生平简介

胡家骏先生（1918—2019年），男，江苏吴江人。曾任同济大学教授，博士生导师。他是我国环境学科著名专家和创始人之一，创立了同济大学环境工程系并任首届系主任。1941年6月毕业于国立交通大学（上海本部）土木系，1946年2月获美国麻省理工学院卫生工程硕士学位。1947年归国后，曾任上海市公用局沪西自来水设计处技术组组长，台湾省公共工程局给水处工程师，国立中央大学①、南京大学、南京工学院土木系副教授，同济大学教授、教研室主任、系主任、硕士生导师、博士生导师；中国环境科学学会理事、常务理事，中国土木工程学会给水排水专业委员会委员，上海市土木工程学会给水排水学术委员会副主任，上海市环境科学学会环境科普教学委员会主任；《中国给水排水》杂志顾问，《上海环境科学》杂志副主编。长期从事卫生工程和环境工程的教学与科研，编写了我国《排水工程》教材，参与《辞海》和《中国大百科全书——土木工程》的编写。2019年6月17日，胡家骏先生在上海逝世，享年101岁。

生逢乱世　赤心求学

1918年5月，胡家骏出生于江南水乡苏州吴江的一个平凡家庭。此时的中国正处在军阀混战、人心动荡的年代，年少的胡家骏不得不面对国将不国的惨重现实，他在心中埋下了科学报国、救亡图存的种子。

"八一三"事变后的1938年，国立交通大学（上海本部）在狭窄的法租界中艰苦办学。混乱的局势未能动摇胡家骏求学的决心，他以优异成绩考入国立交通大学（上海本部），1941年6月顺利从土木系毕业。1945年抗日战争结束后，胡家骏怀着学以报国的赤子之心，远渡重洋进入麻省理工学院深造，并以优异的成绩取得麻省理工学院卫生工程硕士学位。当时中国的一切都处于起步阶段，到处都暗含着危险的不稳定因素，技术的发展条件更是远不如美国。胡家骏回忆说："当时的青年人都很纯

① 国立中央大学：成立于南京，是中华民国时期设立的国立大学（1928—1949年）。

粹，国家正是需要技术的时候，我们就要回去。"于是他辗转回国，把先进的知识技术带回了百废待兴的祖国。

结缘同济　初创环工

1952年，全国高等学校的院系设置大规模调整。次年3月，胡家骏教授被调入同济大学上下水道系，从此开启了60余载和同济大学环境学科的深厚缘分。

当时的同济，无论是最初的上下水道系，还是之后成立的环境工程系，二者都处于起步阶段，急需一批学养深厚、眼界开阔的学者学习并汲取国外的先进经验，再结合我国各地的现状，从而形成我们自己的环境学科。胡家骏作为最初创立专业的几位教授之一，义不容辞地担负起这一重要使命。他不但亲自翻译了苏联的专业教材《排水工程》，还将其作为本专业最初的教学材料，并参与编写了之后一系列的给水排水工程以及环境工程专业的课本，这些课本被推广到全国的相关专业使用。这些贡献使我国的环境学科步履矫健地快速发展，走向成熟。

同时，他也是我国环境专业国际交流的奠基人之一，留学美国麻省理工学院的那段经历，让他具有广阔的国际视野。1979年中美建交后，他高瞻远瞩，率先邀请美国环境领域知名教授来华讲学，并亲自担任翻译，打开了环境学科国际交流的大门。

1981年，在环境工程专业初创之时，胡家骏教授最早前往英国学习环境工程教育经验。同年9月，他又赴美国参加水污染控制联合会（Water Pollution Control Federation，WPCF）年会，是学院在"文化大革命"后第一位出国参加学术交流的教师。他还受邀赴美参加了卫生工程协会年会，进行学术报告并介绍了中国给水排水工程情况，揭开了中国环境学术领域对外合作与交流的新篇章。1983年7月，他赴巴黎参加难降解污染物的处理专题讨论会，发言被收录到出版的会议论文集中。正是在这样频繁的学术交流中，他为同济环境专业带来了大量宝贵的、先进的经验和知识。

胡家骏教授不仅在教学、科研、人才培养和国际交流方面身体力行，他还长期在学院担任领导职务并在学术团体任职，为环境工程学科建设发展殚精竭虑。我国环境专业的第一批毕业生就是在以胡家骏为代表的一批教授的培养下成长起来的。

投身科研　建设学科

胡家骏教授与同济环境系科相互成就。在这里，他曾完成了自己绝大多数的学术成就，20世纪八九十年代，他先后主持了国家教委课题《村镇水污染调查及治理技术研究》《兼性生物塘工艺参数及污染物去除规律研究》等一系列课题研究，为我国给水排水事业贡献了很多具有指导意义的理念和思考，如关于廊道式曝气池曝气设备的检测、混凝与浑浊度的测定与研究等。同时，他曾积极参加了我国城市规划建设的各项事业，并基于北京、泰安、曲阜、杭州、泉州等多地给水排水情况，总结出我国传统城市雨水排泄的方法，为我国城市雨水排水方式的改革做出了重要贡献。

胡家骏教授深谙理论不能脱离实践，实践也离不开理论指导的真理。他强调学校和生产单位需要对接，积极地推进学校与企业的合作交流，用知识去为社会服务，为社会做贡献。在他的积极推动下，20世纪80年代，同济环境学科与上海市自来水公司、上海市政工程设计院［现上海市政工程设计研究总院（集团）有限公司］建立了紧密的校企合作关系。他还推动成立了同济大学水处理技术开发中心，促进同济环境学科成果向实践转化。

数十年如一日，胡家骏教授在接近古稀之年时仍奋斗在一线，认真严谨地开展工作，为市政供水工艺技术、规划，雨洪控制与利用，仪器仪表的研究开发等方面做出了巨大贡献。胡家骏教授这种严谨认真的工作态度、锲而不舍的求知精神使其成为给水排水研究领域的楷模。

在学生的回忆中，胡家骏教授常常会提醒他们：有时候实验室里实验做出来的效果很好，可放到实际生产中就不大有效了，这是为什么呢？因为实验室的条件是严格控制的，操作人员是经过正规训练的本科生、研究生，在这种条件下做出来的效果自然非常好。但是，要想比较两种工艺的优劣，验证某种工艺、方法是不是真的好，必须要在同等条件下做平行实验，不能一个是实验室条件，一个是实际生产条件。

他的谆谆教诲和言传身教，培养了一大批为国家做出重要贡献的人才，也为同济环境学科立足国家重大需求解决生产中的实际问题奠定了基础。

老骥伏枥　志在报国

胡家骏于1990年退休，当时已经72岁高龄的他，依旧没有放下对学校、对学生的关怀和指导，可以说是把自己的生命同环境学院、环境领域的学子紧紧地连在了一起。退休后的第二个月，他在学院接待了来"访问"同济大学环境学院的少年宫环保小组，通过自身的力量把对环保事业的执着追求传给下一代。退休两年后，他仍参加环境工程专业硕士研究生论文答辩会，用自己的学识继续为学院出力，为年轻一代环境学生的前途铺路。除此之外，胡家骏教授从未在学术交流上有所放松，受邀参与了许多学术研讨会，一方面将自己工作几十年来积累的学识向外传播，另一方面也在不断更新自己的知识体系，吸收同行们的经验。

到了八十岁高龄时，他依旧放不下对环境学院、对环境专业学生的责任感。为了纪念胡家骏教授对高等教育和给水排水工程的卓越贡献，崇尚胡家骏教授的高尚人格和弘扬科学精神，促进学科领域人才培养和学科发展，经多方筹备以胡家骏教授的名义成立了奖学金，激励大学生创新研究活动的深入开展。2004年12月，"同济大学胡家骏奖学金"成立仪式暨第一届颁奖大会在学院举行，7个科技创新团队和3个社会实践团队获奖，当时86岁高龄的胡家骏教授为获奖团队颁发了证书并发表讲话。

桃李不言，下自成蹊。胡家骏教授如今虽已离世，他的学生们坚定地接过中国环境事业的重任，成为环境领域的中流砥柱。对他的学生高廷耀教授来说，胡家骏教授一直是他学习的榜样，即便在恩师退休之后，也会每年春节登门拜访。影响他至深的不仅是胡家骏教授的学术理念与报国情怀，更有他的豁达与乐观。人生中的最后几年里，胡家骏教授虽然双耳失聪，却依然和学生交流着自己的思想以及对学科未来发展的思考。

"他讲，我在纸上写。我也学他，名利都看开了。"高廷耀教授这样回忆道。

在2015年中国水业人物评奖大会上，当时已经98岁高龄的胡家骏教授在获得"终身成就奖"后谦虚地说："虽然教书育人我也有点功劳，但是这些成绩全是学生们自己个人奋斗成功的。现在提倡生态文明，重视环境保护，我们的环境科学与工程事业欣欣向荣，人才一代胜一代，奋发有为，前途无量！"

老而弥坚，不忘初心，自始至终胡家骏教授将自己的一生和中国环境学科教育事业紧紧地结合在了一起，让我们懂得了怎样的人生才是发光而有深刻价值的一生。他是我们所有同济环境人应该铭记的灯塔。

素材来源：环境科学与工程学院资料

整理：上官远路、张馨心、武薇

七十载治水人生——记高廷耀先生

个人简介

高廷耀（1932—   ），男，上海松江人。环境工程专家、环境教育家、中国水污染控制工程的开拓者和奠基人之一。1953年毕业于同济大学卫生工程系上下水道专业，1965年同济大学研究生毕业。历任同济大学副校长、校长，国务院学位委员会（土木、建筑、环境）学科评议组成员，上海市环境工程技术协会理事长。

七十多年来，他全身心地投入科学研究和高等教育的事业中，并积极创立和建设"城市污染控制国家工程研究中心""上海同济高廷耀环保科技发展基金会"等，为发展我国的环境保护事业和培养工程技术高级人才做出了重要贡献。

踏实的人生足迹

1932年10月，高廷耀教授出生于江苏省松江县亭林镇（今上海市金山区亭林镇）。抗战爆发以后，他全家被迫逃荒到上海，住在南市老西门附近的一个弄堂里。后来，他考取了著名的上海震旦大学附属中学，这所学校的管理很严格，同时要学法语和英语，这为他以后学习多门外语打下了良好的基础。震旦大学附中的学费高昂，高廷耀努力学习，每学期考试都是班级前三名，以获学费减免。

1950年，高廷耀教授以优异的成绩考入交通大学土木系。1952年，全国院系调整，他转入同济大学卫生工程系上下水道专业学习，1953年提前毕业，留校任教。他在同济大学历任助教、讲师、副教授，1984年晋升为教授。

在本科和研究生学习阶段，高廷耀教授积累了扎实的理论基础，接受了环境工程学科的严格训练。王之卓、王达时、杨钦、胡家骏等著名教授深厚的学术造诣、严谨的治学态度深刻地影响着他的思想，他立志要在科学道路上做出一番事业。"文化大革命"期间，他有幸结识了李国豪校长。李校长在艰难的环境中白天劳动，晚上坚持学术研究，这种对学术事业的追求和执着的信念深深地激励了他，使他坚定了事业规划和以后努力的方向。高廷耀教授被派到工厂劳动期间，还积极参加工厂的污水治理工作。这种走出校门与生产实际结合、为社会服务的科研精神，逐渐转化为高廷耀教授几十年坚持和倡导的办学和科研方法论。

"文化大革命"后，高廷耀教授获得德国洪堡基金会科研奖学金，被派往达姆施塔特工业大学给水排水研究所开展为期两年的合作科研。他一边完成科研任务，一边学习和收集整理各类专业资料，思考规划回国后的教学科研方向。合作研究期间，他首次发现了控制活性污泥丝状菌膨胀的有效方法，成果发表在德国权威学术期刊，引起广泛关注。1982年回国时，他用积攒的奖学金购置了一批先进的科研仪器捐赠给学校，支持学科发展。回国后，他着手组建了课题组和研究团队，围绕水资源、水污染和饮用水安全、污泥处理处置等方向持续开展基础研究和技术攻关，使同济大学的环境学科在这些领域取得了国内领先的研究成果。

2003年教师节，时年70多岁的高廷耀教授，把同济大学奖励给他课题组的300万元奖金如数捐出，并创办了"上海同济高廷耀环保科技发展基金会"，用于资助和培养品学兼优、富有创新创业精神的青年博士生。每名学生2万元的资助额成为当时我国环保领域内单项数额最高的奖学金，引起业内的广泛关注。基金会至今仍在资助我国环保领域优秀的博士生，对每名学生的奖励额度已提高至4万元。

丰硕的科研成果

高廷耀教授对待学术研究始终抱着求真务实的态度，坚持以事实和数据说话，从不急功近利、不走捷径。他喜欢具有挑战性的科研难题，每攻克一个难题，都要耗掉他几年甚至十几年的精力。他在环境保护领域始终坚持古为今用、洋为中用、博采众长，理论与实践紧密结合，并带领团队取得了许多开创性的研究成果，先后获得国家科技进步二等奖4项、省部级科技进步一等奖5项，促进我国环保行业的科技进步。

高廷耀教授开创了特大型原水生物预处理工程的先例。东深原水供水工程是从东江取水并长距离输送至深圳水库，再供给深圳和香港，被称为香港的"生命之水"。20世纪90年代，东深供水渠的水质逐年恶化，氨氮和有机物严重超标，解决原水污染问题迫在眉睫。高廷耀教授临危受命，担任东深原水预处理工程的工艺总负责人。他组建一支攻关团队，先后在东深供水渠和上海黄浦江水源地开展现场试验研究，取得了系统全面、稳定可靠的设计参数。该工程投产后全面达到设计要求和水质目标，有力地保障了深圳和香港居民的饮水安全，总投资节约了近亿元，每年节省运行费用两千多万元，综合效益非常显著，社会影响、政治意义巨大。

高廷耀教授为解决苏州河综合治理这一世界级难题做出了重要贡献。随着上海的快速发展，作为上海母亲河的苏州河遭受了严重污染。1998年，高廷耀教授被上海市政府特聘为苏州河综合整治工程专家委员会主任。在他的主持下，专家委员会理清了苏州河综合整治的基本思路：苏州河沿线截污、治污是根本，充分调活水流是关键。经多次组织调水试验，建立了上海市河网数学模型，形成了水环境治理与规划方案。经过不懈努力，苏州河综合整治工程取得了明显成效，实现了苏州河干流消除黑臭、多条河段有鱼、生态系统逐步恢复等第一阶段攻坚目标。据工程测算，苏州河综合整治一期工程节约资金10多亿元人民币。鉴于高廷耀教授及其团队的重要贡献，上海市人民政府专门发布嘉奖令，表彰以他为首的专家委员会。如今，该项成果已成为我国城市水环境综合治理的成功先例。

高廷耀教授攻克了稠油污水循环利用的重大课题。稠油是我国重要的战略资源，其开采过程中产生的稠油污水每年超过2亿吨，如何有效处理稠油污水是油田环境保护的重大挑战与技术难题。凭借深厚的工程实践经验，高廷耀教授认识到必须破解油水有效分离、钙镁硬度去除、二氧化硅深度去除以及稠油污泥难脱水等瓶颈性难题。他带领团队从实验室研究到油田现场小试和中试、再到工程示范应用，形成了整体性工艺——新型高效破乳剂及配套工艺，研制出抗污染、耐高温、易再生的新型树脂，研发新型除硅剂及新工艺。基于稠油污泥高热值的特点，将其改性、脱水并制备出新型复合燃料，实现了含油污泥的资源化利用。

高廷耀教授开发了契合中国国情的污水脱氮除磷新工艺。20世纪90年代，国内脱氮除磷技术的研究和应用刚刚起步，因地制宜的污水脱氮除磷理论和工艺研究尚未有重大突破。高廷耀教授带领团队在研究常规AAO工艺的基础上，对厌氧区生化特性以及厌氧、缺氧环境倒置效应进行了深入研究，创造性地提出了"缺氧/厌氧/好氧"形式的倒置AAO脱氮除磷新工艺，使生物脱氮与除磷能力得以充分发挥，系统的脱氮除磷效率明显提高。这项新工艺不仅适用于新建的城市污水处理厂，还可应用于传统污水处理厂的技术改造。该项成果后被编入设计规范和教材中，在国内外产生了深远影响。

高廷耀教授还开发了城市污泥资源化利用新技术。污水处理过程中产生的污泥如果没有经过有效的处理处置重新进入环境，将对生态环境和人类健康构成严重威胁。高廷耀教授带领团队与德国开展国际合作，系统地开展了城市污泥浓缩、脱水、厌氧消化以及好氧发酵的全过程研究，取得了一系列成果。针对污泥好氧发酵工艺中存在的技术瓶颈问题，他组织攻关小组，研发了发酵熟料回流替代辅料添加的新技术，研制了定型化混合破碎机械，成功开发出一种低能耗、无臭味、自动化、运行稳定的污泥高温好氧发酵新工艺，顺利建成了一条处理规模为80吨脱水污泥/天的示范生产线，使又脏又臭的城市污泥最终变成了无臭无味的有机肥料。

崇真的治学思想

自20世纪50年代初开始执教生涯，高廷耀教授亲自指导过的硕士生达八十余人，博士生、博士后近百人，聆听过他授课的本科生更是数以千计。他对待学问总是孜孜以求，对待学生始终诲人不倦，他承担学校的领导工作以后，仍挤出时间来为本科生编教材、上课。由他主编的《水污染控制工程》（上、下册）和《环境工程微生物学》（第二版）是水污染控制工程、环境工程微生物学领域有重大影响的代表性著作。

高廷耀教授做学问和他为人处世的态度一致，崇真务实，不事张扬。他深刻认识到，环境工程学科属于应用性工程学科，应该把为社会解决实际问题放在科学研究工作的第一位，一切理论和工艺都必须应用于生产实践。他一向要求青年教师和学生带着学习和工作中遇到的问题，在生产实践的第一线开展调查研究，掌握第一手资料，虚心向工人师傅们讨教。

高廷耀教授十分重视在环境保护领域开展国际合作，特别是与发达国家的科技合作。他常说："先发达的国家，肯定也是先污染环境的，所以这些国家的治理技术、设备和理念往往也是比较先进的。我们既要充分借鉴他们的经验，也要认真吸取他们的教训，在环保领域的科学研究可以有所为，有所不为，要尽量少走弯路。"从20世纪80年代高廷耀教授德国留学回来后，他就倡导并主持8项中德两国政府间在环境科学领域的合作科研项目，双边专题性的环保学术交流会每年都要举行至少一次。

在课题组里,高廷耀教授也定期组织学术讨论会,基本上确保每个月两次,会议形式多样。有时是老师主持,有时是研究生或博士生主持,每次会议基本上只讨论一个主题,每个人都必须发言、阐述自己的学术观点。按照他的要求:说错不要紧、不说可不行。这种气氛活跃、学术民主的专题讨论会,经常能引发学生和老师之间的热烈讨论甚至"激烈争论",有时会议结束,仍言犹未尽。课题组学术讨论会,已成为其团队融洽师生感情、拓宽研究思路、激发创新思维的重要方式,也使青年学者得以快速成长。

高廷耀教授崇真务实的治学思想,也对他的研究团队和一大批青年学生产生了重要影响。在他的课题组里,走出了一大批教授、专家和科技界的翘楚,他们都是活跃在各条战线上的栋梁。"今日你以课题组为荣,来日我们以你为傲",便是他心目中师生关系的真情写照。

老骥伏枥,退而不休。儒雅、随和、淡定,表面上不温不火、内心里激情似火的高廷耀教授,把自己完全、无私地奉献给了我国的环境保护和高等教育事业。

素材来源:周增炎、马鲁铭、何群彪、陈洪斌
文字整理:张馨心、武薇

笃行实干 敢为人先——记顾国维先生

个人简介

顾国维教授（1937— ），男，浙江上虞人。1961年毕业于同济大学。曾任同济大学教授、博士生导师、环境工程学院首任院长、同济大学常务副校长、国家环保局顾问、中国环境科学学会常务理事、污染控制与资源化研究国家重点实验室主任、上海市环境科学学会副理事长等职，长期从事给水排水与环境工程专业的教学科研与管理工作，研究方向为水污染控制工程，获国家科技进步二等奖、省部级一等奖、国家级教学成果奖一等奖等。顾国维教授在国内外发表论文近百篇，编著《水污染控制工程》《水污染治理技术研究》《绿色技术及其应用》《膜生物反应器：在污水处理中的研究和应用》，组织编著"环境工程治理技术丛书"等。

环保就要解决现实问题

1956年，正值韶华的顾国维教授进入同济大学卫生工程系学习，当时新中国成立伊始，百废待兴，城市的发展建设更是亟需人才。经过同济系统的课程培养与工程项目的实践锻炼，顾国维教授在同济走上了科研的道路，也见证了同济大学环境系科的转型与发展。

作为一名科研工作者，顾国维教授致力于污水污染控制及综合治理研究，深挖理论基础、深扎实践项目。他和他的团队最早将水处理领域最重要的方法之一——活性污泥法引入中国，对我国水处理技术的发展产生了深远影响。此外，他还率先提出了污水处理中脱氮除磷的重要性，并联同其他专家向上海市住建委建议在上海开展污水脱氮除磷的工作。

顾国维教授主持的最重要的项目之一——黄浦江治理，具有极深远的社会意义。当时，上海市作为全国最大的工业城市之一，每天排入黄浦江水系的工业废水和生活污水约490万吨，但绝大部分污水未经处理，通过城市下水道直接排入黄浦江及其支流，造成黄浦江市区段严重污染，每年都会发生黑臭现象，而且黑臭起始期越来越早，持续期每年延长。到20世纪80年代初，每年黑臭期长达150天以上。时任国务院副总理的谷牧同志1980年视察上海时，曾语重心长地指出：上海如果不治理好黄浦江水质，到本世纪末（20世纪末）上海城市能否生存，将成为问题。

在这种背景下，1981年6月初，由同济大学（环境工程系）发起，联合华东师范大学、华东理工大学、东华大学、上海师范大学、复旦大学等十五所高校，组成上海高校环保科研协作组，时任同济大学环境工程系系主任的顾国维教授任组长，开展对黄浦江污染治理的研究工作。当时科研条件差，缺乏先进的测试仪器设备及专用的采样船只，要想对黄浦江全线水质情况进行调查、测试面临重重难关，只能用"土方法"。于是十五所高校动员组织了一千多名师生，租用了几十艘船只，日夜奋战，连续七天七夜对黄浦江水质、水文进行同步监测，取得了近十万个有益的数据。在全面整理和分析数据的基础上，同年8月召开大型研讨会，邀请全国三十多名著名专家共商治理黄浦江大计。高校环保科研协作组不负所托，配合上海自来水公司完成了"自来水上游引水工程可行性研究""黄浦江上游水环境容量及综合治理规划方案研究"。紧接着，在上游课题取得成功的基础上，转向黄浦江中下游的研究工作。最终，整个课题取得了丰硕的成果，获得了国家环保局颁发的科技进步一等奖。

设计就要"真刀真枪"地干

顾国维教授在同济大学任职之初，全国高校教育还在发展与探索中，教学模式尚不成熟。为了培养学生解决实际问题的能力，学院的任教老师都肩负带学生实践教学的重任，尽可能带学生去深入现场、实地观摩。顾国维教授非常支持学生实践学习，他认为：学生作为未来的工程师，画图做设计是必备的技能；另外还有更多的挑战和困难，在实践过程中会不断浮出水面，促使学生成长与提升。

顾国维教授是这样想的，也是这样做的。在学生学习的最后阶段，他带领学生"真刀真枪"地做设计。顾国维教授带领团队（包括环境、建筑、结构等领域的教师）和第一届工农兵学员的一个班级（约30人）到江西南昌（受南昌铁路局委托）去完成一个居住区的水厂设计任务，设计规模为2万立方米/天。其间克服了诸多困难，经过了三个多月的日夜奋战，圆满完成了全套施工图设计。工程投入运行后，出水水质达到了设计要求，获得了南昌铁路局的充分肯定。这种教学方法在全国高校给水排水专业中是前所未有的，获得学员们的一致好评。顾国维教授的做法为全国同类高校创立了结合典型工程完成毕业设计的先例，是理论联系实际教学的典范。

坚守公心　敢于吃"吃螃蟹"

1980年之前，教师为工矿企业等单位解决水厂、污废水处理厂存在的问题是无偿的，不计报酬，违规则要受党纪、政纪处分。如果帮助企业解决重大问题或结合教学进行水厂、污废水处理厂等工程设计，会由学校出面签订合同，收取一定的设计费直接给到学校而非科研组。那时教师备课、演算习题、工程设计计算都用笔算和拉计算尺，有的教师连计算尺也没有，计算费时低效，一个月不足100元的工资又不足以支付当时社会上已经出现的100~400多元不等的计算器，学校又暂时没有能力来解决此问题。时任系主任的顾国维教授内心很着急，这时有教师提出建议：在保证教学工作的前提下适当开展有偿服务，根据工作量和难度的大小，向解决问题的单位适量地收取数量不等的计算器作为报酬。顾国维教授把此建议提到系领导中进行讨论，大家认为可以尝试一下。于是，环境工程系的老师在顾国维教授的带领下，利用假日和休息天（称"星期日工程师"）开展了这方面工作，在不到一年的时间中，系里每位教职工都拥有了一个计算器，并进行了登记签名，作为借用。

这样做虽然解决了教师所需的教学工具问题，但按当时的规章制度，这样的"有偿服务"和做法是违规的。后来校有关部门知道了这一情况，"责令"环境工程系写报告，把此事的详细内容和经过写好后上报。"报告"呈上去后的一段时间里没有"动静"，顾国维教授等系领导只能忐忑不安地等待处理结果。没想到，过了一段时间，环境工程系不但没有受到批评和处分，而且上级领导还肯定了环境工程系的方向和做法，并对他们进行称赞和表扬。这下子各兄弟系纷纷向环境工程系学习，冲破旧框框，开展了多种形式的有偿服务。

应该说，有偿服务是环境工程系在改革开放后跨出的艰难而冒险的第一步，初次尝试成功之后，激励了教师对改革开放的积极性，出现了"胆子再大一点，思想再解放一点"的新局面。

实际性推动与国际接轨

改革开放以后，随着中美关系缓和，顾国维教授作为同济大学环境学院首位院长，为学院的建设和发展倾尽全部心血。当时，胡家骏先生在图书馆发现了美国麦金尼教授著的有关活性污泥法理论和运行的书，内容新颖，他深受启发。正值此时国际形势发生变化，在改革开放的浪潮中中美建交，顾国维教授等院系领导立刻决定邀请麦金尼教授来同济讲学。清华等兄弟高校听说同济请来了美国教授，都感到新鲜，纷纷要求来听讲。在上海市政工程设计院［现上海市政工程设计研究总院（集团）有限公司］的协助下，麦金尼教授短训班终于在现在的南楼三楼阶梯教室开讲，有近百人参加，当时清华大学的钱易、付国伟和中国环境科学研究院的李献文也慕名而来。经过一个月的相处，听课的师生受益良多，麦金尼教授很满意。后来，顾国维教授回忆起当年请麦金尼来讲学一事，提到："麦氏后来对我们说，到中国来也是要下决心的，在他看来，这是个遥远和神秘的国家。"

有了之前到同济来讲学的基础，时隔一年，麦金尼教授带着夫人再次来到同济，讲授实验课内容。实验课的培训是教学培养中不可或缺的一部分，虽然在当时艰苦的实验条件下，学院连一个实验用的水泵也没有，需要把装有污水的反应器瓶子吊得很高，以保证流量稳定，但是大家的学习热情丝毫不减。通过这一次与麦金尼教授的深度合作，学院在专业教学和对外交流上都奠定了意义非凡的交流基础，办学模式也逐渐与国际接轨。

顾国维教授的大胆探索、不断改革创新，为同济大学环境系科的发展注入了强大的动力和新鲜血液。他始终以国家利益为重，以解决实际问题为己任，致力于推动同济环境学科的发展。他为同济环境学科的建设奉献了自己的灿烂年华，他的奉献精神与对国家实际问题的关注是我们所有人学习和借鉴的榜样。

素材来源：环境科学与工程学院资料及顾国维采访素材

整理：武薇、张馨心、上官远路、黄圣洁

中国清洁生产研究开拓者——记段宁院士

个人简介

段宁（1949—　），男，中国工程院院士，同济大学环境科学与工程学院教授。主要研究领域为清洁生产的理论方法和工程技术，是我国清洁生产重要的奠基人和开拓者之一，在推动我国清洁生产进程中发挥了重要作用。他研发的高浓度大浓度差工业液体实时监测技术和离子网技术，首次构建了典型流程工业关键共性清洁生产技术体系。历任中国环境科学研究院总工、副院长、国家生态环境部清洁生产中心主任，荣获国家科技进步奖3项、国内外发明专利30余项，发表SCI等论文150余篇。

颠沛岁月中一心求学

1949年7月，新中国成立前夕，段宁院士出生在江苏省南京市，后因父母工作调动，全家先后搬至重庆、成都。他自幼就将读书报国刻在了脑海中，1965年以三科全部满分的优异成绩考入了当时全省最知名的中学——成都四中（现成都石室中学[①]）高中部。他至今依然清晰记得入学考试时，自己那篇满分作文《当我听见中国第一颗原子弹爆炸的时候》，或许在那时，个人前途与国家命运紧密相连的信念便已成为一颗种子根植于心。

不幸的是，在成都四中求学仅一年后，开始了"文化大革命"。1969年，随着全国中学生的上山下乡运动，他被安排到四川省凉山彝族地区插队当知青。1971年，备战的"三线建设"方兴未艾，大批知青转为参与建设，段宁院士也被抽调到103工程指挥部，建设制造战略武器的工厂。在103工程指挥部，他工作认真负责、吃苦耐劳，给周围的人留下了很好的印象。次年4月，他偶然遇到指挥部的人，对方看到他就说："诶，小段，有好事情了！"回去之后，他便收到了通知，作为第一届正式工农兵学员被推荐去读大学。起初他听到"同济"，误认为是要去"统计大学"或要学习"统计学"，还有些不情愿，后来才弄明白自己是要到同济大学读给水排水专业。

---

① 是世界上现存历史最悠久的学校，起源于西汉景帝末年蜀郡守文翁创办的"石室精舍"。

从1966年"文化大革命"开始，到1972年进入同济大学，已经过了整整六年。这六年里，段宁院士经历的种种，使他深知学习机会来之不易，也令他尤其珍惜。刚到同济时，校园很大，但是荒草遍地、人烟稀少。教材不够，他就到图书馆找书自学，将所有的习题都做一遍；没有仪器设备，缺乏实验条件，他就努力补充理论知识。当时在班上，学生的底子也参差不齐，有些只读了小学，他就主动帮助其他同学补课。正是经历过这样艰苦求学的岁月，段宁院士才在后来给学生们买必要的科研设备时尤其大方，也常常感叹羡慕他们如今的科研条件。

说起同济的教师们，段宁院士如数家珍，高等数学老师、物理老师、化学老师、英语老师、各门专业课老师，段宁院士对每一名老师都怀着深切的感恩之心。总是穿着一身略显褪色的西服，在"文化大革命"背景下还自学计算机技术进行管网平差计算的杨钦老先生尤其令他佩服。在他的印象里，师生关系非常融洽，老师们对待学生认真且耐心，哪怕对学生的"突发奇想"也充满了包容与爱护。刚进大学时，他也多少有些年轻人的"狂妄"，实习时在工厂看到产品所用化纤的分子式，忽然想要尝试改变这种分子式，打算采用更便宜的原料加上工艺调整，达到成本更低、品质更好的目的。现在回想起来，这个贸然的提议是幼稚轻狂的，毕竟不是自己专业范围内的知识，但当时带他实习的章非娟老师却对他的创新想法表示了支持，还帮他从学校图书馆借了相关的书籍带到工厂去让他学习研究。

当时学校没有做试验的条件，对于能够接触实践的实习机会让段宁院士倍加珍惜，他在老师的带领下到工厂实地考察，回学校以后又每天晚上熬夜画图，实际参与了许多建设项目的设计工作。

1975年从同济大学毕业后，他被分配到国家基本建设委员会城市建设局（以下简称"国家建委城建局"）。在很多人看来，这是一份令人艳羡的好工作，但他觉得自己不适合做管理，还是想坚持少时的梦想去读书、作研究。1978年，在全国建立研究生制度的第一年，他第一时间报名了硕士生考试，考上了清华大学环境工程专业，并在1981年获得了第一届公开考试入学的硕士学位。

留学归来报效祖国

硕士毕业后，段宁院士被分配回到了国家建委城建局，但他仍怀着想要投身科研工作的理想。正好听别人说新成立了一个中国环境科学研究院，他就跑去看了一看，研究院在一个荒草丛生的农场里，办公住宿都在一间板房里，冬天没有暖气，夏天也只有一个电风扇。看到这个景象他没有犹豫，而是选择了主动向国家建委城建局提出去研究院的请求。当时周围的人都不理解，觉得待在国家建委城建局有更好的发展，段宁院士并没有去考虑那些，只是追寻自己的理想选了这条在别人看来更难走的路。

两年后，国家开始公开选派出国交流学习人员，段宁院士在国家的资助与研究院的支持下以访问学者的身份到美国求学，后又拿到奖学金，在美国继续读博深造。段宁院士回忆说，美国博士教育的淘汰机制十分严格，约三分之一的学生未能完成学业而被取消读博资格。英语基础的薄弱加上要赶实验进度，这让他倍感压力，但在他的不懈刻苦之下依然如期顺利拿到了博士学位证书。

1988年的美国经济情况向好，如果段宁院士想留在那里获得一份高薪收入也易如反掌。可是他坚决表态："从出国的第一天起，我就没有留在国外的念头，我甚至都等不及参加博士毕业典礼。因为从答辩完毕到博士毕业典礼还有几个月的时间。"

"我刚完成博士论文答辩，知道自己已经通过，就接到当时中国环境科学研究院老院长的电话，希望我尽快回国参与工作，于是我马上就回来了。"当被问及是否有遗憾时，段宁院士摇摇头说："我当时就想着学成后回国效劳。现在也觉得还是这个最重要，个人的一点小事情算不了什么。"

1988年回国后，段宁院士负责的第一个科研项目是山西襄垣县浊漳河污染治理，那里原本是一个八路军老根据地，受到上游化工厂的影响，水质污染严重。他通过现场走访，了解到许多基层群众深受污染疾苦的真实案例，坚定了他从事环保事业的决心。

在深入了解了化工厂的情况之后，他意识到治理污染固然重要，但源头还在于工厂的生产线。1992年，段宁院士开始研究我国第一个与国际接轨的大型清洁生产项目，打算从根本上解决工业污染问题。他组建了我国第一个专门从事清洁生产研究的单位，全过程参加了我国清洁生产促进法的制定和修订，这些在当时都是一个极大的突破，从认识上、技术上、方法上影响和推动了我国清洁生产的进程。

然而在引进清洁生产几年之后，段宁院士又发现，如果清洁生产像在其他发达国家一样,仅仅被视为一种环境管理工具使用,并不能从实质上帮助企业在发展生产的同时减轻污染,那么在企业推行的过程中就会遇到重重阻碍。通过亲身体验,他意识到只有通过科技创新和研发才能提高资源利用效率,从源头上研发出可以减少污染的清洁生产技术、制造新装备,才能让企业自发参与环境保护、真心接纳清洁生产。

于是他开始将科研重心转移到技术突破和设备研发上,聚焦资源消耗量多、环境污染风险大的典型流程工业,带领团队成功研发了国内外首台复杂工业液体实时检测仪。该仪器可以对复杂液体中浓度最高达数万毫克/升的目标物种,直接进行原价态、原形态、原相态浓度的秒级测定,与传统稀释后进行化学分析的方法相比,具有多方面的明显优势。这一设备投入生产后,对于提高资源利用效率,测得目标物种的真实价态、形态、相态,节省成本和源头削减污染物具有明显效果,受到企业的广泛欢迎,在电解铜、电解锌、电解锰和化工印染等行业得到大力推广。

除了检测仪的研发,他还带领团队开发了新的网络技术。当时的网络仅能传递和处理宏观物理信息,而流程工业过程往往涉及复杂的化学过程,微观化学过程从根本上确定了污染物的性状和数量。基于此,他提出了离子网概念,带领团队重点研究和解决化学反应体系中的各种问题。在他和团队努力下,首个离子网在广西一家大型铜冶炼企业建成运行,取得了显著的环境、社会和经济效益。

心系母校前行不止

2019年,年已70岁的段宁院士退休后,依然没有停止在清洁生产领域的探索和奋斗。他选择回到同济,担任同济大学清洁生产研究中心主任,带领中青年老师指导学生继续做科学研究工作。在他看来,可持续发展除了政策、制度、策略、管理方面外,科技的发展也十分重要。要拿下核心的技术,必须进行必要的基础科学研究,而在基础研究的突破上,大学承担着不可或缺的重要作用。他希望培养的学生能够在工程技术方面,尤其是在基础领域方面有所突破,开发出颠覆性技术,让中国能够从国际竞争中脱颖而出。

段宁院士对自己的要求非常严格,他给自己定了一个小目标:希望在80岁之前,能够进一步升级实时监测技术和离子网技术,将人工智能大范围应用于未来场景中。他说："常常感到时间不够用，因为理想在那里，要做的事情太多。"2022年3月，上海新冠疫情战"疫"形势严峻。学校建议教职工回家线上办公，但段宁院士坚持在岗，在办公室住了一个多月没有回家，就怕回了家不能出门耽误试验进度。对他而言，科研工作是头等大事，一些生活上的不方便都不如试验研究重要。

  对于学生他也有着自己的高要求。在他看来，最重要、最关键的还是爱国，这份情怀和出发点一定不能丢；其次是想要读书的心，对知识的渴望是十分必要的；由于他自身的团队经历，意识到团队精神和情商也是很重要的。在他们的项目团队中，团队人员涉及各个领域：化学、环境工程、光学，还包括软件、电子等，如果自己一个人单打独斗，很难获取亮眼的突破性创新。另外也要加强身体素质的锻炼，年逾七十，段宁院士仍保持每周一次长跑的习惯，还常常去健身房锻炼，以保持健康的体魄与充沛的活力。

  "把论文写在祖国大地上。"他对学生也常会强调这句话。对于清洁生产领域的未来，他认为新一代年轻学子们大有可为，国家正迎来环境发展的黄金时期，越来越重视环境的保护。如何帮助企业在提效增产的同时做到"清洁生产"，减少对环境的污染与破坏，还有很长的路要去探索。

素材来源：环境科学与工程学院资料及段宁采访素材
整理：上官远路、张馨心、武薇

躬身工程一线 追梦绿水青山——记徐祖信院士

个人简介

徐祖信（1956— ），女，中国工程院院士，同济大学教授。长期致力于城市重污染河流治理，充分发挥环境、水力、市政三个学科交叉优势，提出了城市重污染河流"全系统耦合调控治理"的技术思想，形成了系统性的解决方案，在上海苏州河治理中做出突出贡献，在我国城市重污染水体治理中发挥了先导作用、示范作用和引领作用。主持和参与国家科技攻关、国家水体污染控制与治理科技重大专项等项目40余项，在 Nature Sustainability 等期刊发表论文300余篇，编著学术著作五部，授权发明专利60余件。作为第一完成人，其先后获国家科技进步二等奖2项、省部级科技奖8项。她还荣获何梁何利基金科学与技术进步奖。

2019年3月12日，在肯尼亚首都内罗毕召开的第四届联合国环境大会上，联合国人居署发布了《加强河流污染治理，实现城市可持续发展：中国和其他发展中国家的经验》的英文技术报告。联合国副秘书长、人居署执行主任谢里夫在发布会上说，中国治理污染河道的成功经验为其他发展中国家提供了范例。这份英文报告的主要作者是同济大学环境科学与工程学院的徐祖信教授，象征着中国学者积累的治水经验走向了世界舞台。同年11月，徐祖信当选为中国工程院院士，实现了同济环境学科人才队伍建设的历史性突破。她长期致力于中国城市水环境综合整治，躬身耕耘于工程一线，带领团队研发了中国乃至发展中国家城市河流污染治理的核心技术，在中国水污染防治攻坚战中发挥了重要作用，以实际行动把论文写在了祖国大地上。

河海求学　崭露头角

1956年4月，徐祖信院士出生于江西省萍乡市。高中毕业后，她响应国家号召，作为知识青年上山下乡，来到基层农村磨砺成长。"文化大革命"结束后，她作为恢复高考制度后的第一批考生，于1978年考入了河海大学学习，从此与水利、环境专业结下了不解之缘。1978—1988年间，她在河海大学求学10年，先后攻读河海大学水动力学、水力学及河流动力学等专业，分别获得学士、硕士和博士学位。通过硕士课题研究"有限元法在宽顶堰流动分析中的应用",徐祖信院士成为我国最早从事水动力学数学模型研究人员之一;在读博期间,她结合国家教委博士点研究项目"概率统计与可靠度理论在泄洪消能中的应用"和"七五"攻关项目[①]"二滩水电站泄洪消能布置方案可靠度研究",应用概率统计方法,研究分析了影响泄洪可靠度的水文、水力因素,首次提出了我国一级混凝土大坝泄洪可靠度的级别,为我国混凝土高坝泄洪消能可靠度分析提出了系统的计算方法和应用程序。

1988年从河海大学博士毕业后,徐祖信院士留校任教,从事水力学及河流动力学等方向的研究和教学工作。1991年,她将概率统计与可靠度理论应用于泄洪消能的研究成果获得了国家能源部(后于1993年机构改革中撤销)科技进步二等奖,逐步在学术领域崭露头角。同年,35岁的她在申报副教授的过程中得知她和另一名老讲师之间只能晋升一人后,向学校申请撤回申报,河海大学爱才识才,增加一个晋升指标,她在1991年被聘任为河海大学副教授。时至今日,徐祖信院士内心一直深深感谢河海大学的培养和老校长的器重。

留学归国　加入同济

1993—1995年,徐祖信院士通过国家教委选拔,被公派到意大利罗马大学做访问学者,参加了罗马大学研究项目"运河生态流量的自动控制"和意大利国家项目"输配水系统可靠性研究"。研究深入生态流量控制、市政工程可靠性、闸门系统的自动化控制等方面,现在看来都是先进的研究领域。在此期间,她渐渐明晰了水利工程、环境工程和市政工程学科交互发展的新方向。

1995年,时任同济大学校长的高廷耀教授赴欧洲引进人才,徐祖信院士怀抱着报效祖国的赤子之心,毅然回国进入同济大学,投身于我国环境保护科研事业。1995—1997年,她在同济大学博士后流动站从事博士后研究工作,先后获得了中国博士后科学基金会和上海市的科研资助,继续深化给排水系统的可靠性和优化设计的系统研究。国外相关研究成果只能应用于小型管网系统,而她提出的基于可靠性的线性优化模式,

---

① "七五"攻关项目:指1986—2000年期间,国家提出的"七五"国家科技攻关计划。

可以应用于大规模系统,该模式提出后立刻引起国内外重视。从事博士后研究期间,她被破格聘任为同济大学教授,博士后出站即被聘任为博士生导师。2022年8月15日,上海市人力资源和社会保障局发起"上海博士后"全球招募直播活动,已经当选为中国工程院院士的徐祖信院士通过视频录制的形式参加直播活动并致辞。回首走过的岁月,她感慨道:"当年回来的决定可能是我人生当中最为重要的一个决策。我想告诉大家,回到中国,回到上海,将科学研究和国家的重大需求相结合,是一件非常有意义、能让自己非常快乐的事情。"她还谈道:"近年来,国家和上海市政府都很重视博士后的工作,投入力度逐渐加强,无论是研究平台,工作环境和个人薪酬,和我1995年回国做博士后相比,都有明显的提高。因此,我衷心邀请海外优秀的博士来上海工作。"

学科交叉　大显身手

上海因水而兴,水是这座东方城市的魅力所在,苏州河更是上海市的母亲河,是百年来上海这座国际化大都市发展的摇篮。自20世纪20年代以来,苏州河市区段开始出现黑臭;至1978年改革开放时,苏州河市区段全线终年黑臭。黑臭成了苏州河的代名词,摘掉苏州河黑臭的"帽子"、恢复苏州河水清岸绿,一直是上海人民的梦想。1988年,上海市开始实施合流污水治理一期工程;1998年起立项实施苏州河环境综合整治一期工程,这是当时国内最大的水环境综合治理项目。时任市政府领导向全市人民庄严承诺,2000年消除苏州河干流的黑臭。得益于长期以来在水利、环境和市政工程领域多学科交叉的研究积累,当时已经担任同济大学校长助理的徐祖信院士挑起苏州河环境综合治理技术小组组长的担子。

作为技术组长,徐祖信院士长期坚持工作在重大工程项目第一线,负责并参与苏州河水环境综合治理相关关键技术的研发。苏州河水环境综合治理项目包括污染源调查、截污治污、水系调度、雨天溢流污染控制、中上游面源污染治理等重点项目。在上海市相关部门的支持下,徐祖信院士带领她的团队开展了上海市污染源调查,建立了覆盖全市6万余个污染源的信息化系统,为全市截污治污工作提供了精准化的"作战地图"。苏州河地处上海感潮河网地区,受涨潮时潮水顶托影响,污染云团往复回荡,不利于污染物离散降解。针对这一关键瓶颈问题,借鉴国际经验和国内外多名咨询专家的智慧，徐祖信院士带领技术小组，提出了利用苏州河潮汐动能改善水体流动特性的建议。在市政府领导的支持下，苏州河综合整治领导小组办公室组织了著名的"苏州河第三次调水试验"，确定了苏州河河口闸门和苏州河水系内关键闸门群的调控方案，将苏州河由潮汐往复流改变成单向流动，流量从调控前的平均净泄流量 10 m³/s 增加至 20~40 m³/s，溶解氧浓度提高了 17.5%~53.4%，水体自净能力显著提升。通过苏州河水系的截污治污和闸门调控，调动了苏州河水系的活跃性和流动性，河水慢慢由污变灰青、变清，苏州河干流在 1999 年底消除了黑臭，提前一年实现了市政府向上海人民做出的承诺，并且节省了苏州河治理一期工程资金近 16.5 亿元。苏州河流域包含在上海市 2 万多条河流构成的河网水系中，水环境治理工程方案的系统性论证无法在实验室中模拟完成，必须建立数字化仿真模拟系统。徐祖信院士带领团队建立了全市 6 000 平方千米范围的河网地区水动力和水质模型系统，形成了污染物排放水体后迁移转化全过程的数字孪生展示，提供了科学决策工具。徐祖信作为第一完成人的"苏州河水环境治理关键技术研究与应用"获得 2003 年度国家科学技术进步二等奖。

党的十八大首次正式提出全面建成小康社会的目标，其中农村面貌的根本改善是该目标的重要奋斗方向。农村的发展离不开水资源的哺育；农村面貌的改善关键在于水环境。自 20 世纪 90 年代以来，农村地区技术经济发展水平较为落后，很多农村地区的水环境越来越差。为了解决这一难题，从 2003 年起，徐祖信院士带领团队针对上海及江南水乡农村环境特性开展了农村污水处理技术研究，在"国家高技术研究发展计划"（以下简称"863"计划）、上海市科委重大科技攻关项目资助下，历经近十年，研发了低碳化、低成本的成套农村污水生态化治理技术。如今，她带领团队研发的农村污水处理技术和工艺已在上海崇明岛、浦东新区以及华东地区等近百项农村污水治理工程中推广应用。徐祖信院士作为第一完成人的"农村污水生态处理技术体系与集成示范"获得 2014 年度国家科学技术进步二等奖。

攻坚克难　持续耕耘

2015 年，国务院发布《水污染防治行动计划》，在全国范围吹响了城市黑臭水体治理的号角。污染防治攻坚战也被中共中央列为全面建成小康社会的三大攻坚战之一。徐祖信院士和她的团队积极投身国家污染防治攻坚战，迎难而上，持续攻坚克难。近年来福州市仓山区黑臭水体治理，巢湖市、马鞍山市水环境治理等国内数十个水环境治理项目，都见证了她和她的团队所做出的贡献。福州市被评为全国黑臭水体治理示范城市；巢湖市城区的"龙须沟"华丽转身，《人民日报（海外版）》予以专题报道；党和国家领导人现场考察马鞍山市水环境治理，并给予高度肯定。一个接一个的同济治水方案走向社会，充分证明了同济环境学科服务国家战略和推动社会经济发展的能力。2022年，海南省聘请徐祖信院士为海南"六水共治"技术总师，为生态海南建设提供智力支撑。徐祖信院士提出，海南要围绕"低碳无废、统筹考虑、系统治理"的理念来统筹抓好"六水共治"工作。在治理污水上，海南要坚持以流域治理为核心，协同污水治理和资源化利用，全面推进"低碳无废"发展。在城市污水治理方面，要意识到解决城市雨污管网问题的重要性和必要性；在农村污水治理上，要注重农村污水治理技术的简便、经济，因地制宜推动生态技术在海南农村污水治理中的应用。她正在带领她的团队奔走在祖国各地，更加充实忙碌。为了祖国的绿水青山，这一切都值得。

徐祖信院士经常和她团队的老师和学生提及，从事科学研究工作，一定要把研究创新、理论技术突破和国家实际需求结合起来，让研究成果在污染防治和治理的实践中真正得到检验。她还经常和大家讲，做事要追求卓越，要精益求精，第一步是思考"怎么做？"，第二步是质疑"这是最好的方法吗？"，第三步要反思"还有更好的方法吗？"，通过这样三个思考阶段，把学术研究和解决工程问题尽自己所能，做到极致。事实上，她的成长经历和工作成就，正是这一理念的生动写照，也是"同济天下、崇尚科学、创新引领、追求卓越"的新时代同济文化和国家对科技工作者提出"四个面向"要求的生动诠释。多年来，徐院士推动了河流污染治理理论发展和技术进步，得到国际和国内、政府和企业的高度认可，在我国水污染防治攻坚战中发挥了重要作用，同时培养了一支水环境综合治理领域的高水平人才队伍。未来，徐祖信院士和她带领的团队还将书写更多的同济治水方案，在服务国家生态文明建设和发展中国家水环境治理中留下更多的璀璨成果，为同济一流环境学科建设做出更大的贡献。

撰写人：尹海龙

刻苦求知 勤勉耕耘——记范瑾初教授

个人简介

范瑾初（1935— ），安徽省肥东县人。1961年毕业于同济大学并留校任教，任同济大学教授、博士生导师，曾任同济大学环境科学与工程学院副院长、院长，上海市土木工程学会理事与给水排水学术委员会副主任，全国高等学校给水排水工程学科专业指导委员会副主任及污染控制与资源化研究国家重点实验室学术委员会委员等职，享受国务院政府特殊津贴。长期从事给水工程教学与科研，主要研究成果包括天然吸附剂研究、预涂膜过滤技术研究、粉末活性炭应用技术研究、超声辐照降解水中有机污染物研究及地表原水膜处理技术研究等，发表论文60余篇。出版著作有：《混凝技术》《水质工程》（第一主编）、《给水工程》（第二主编）和《给排水科学与工程概论》（参编）等，曾参与国家标准《室外给水设计规范》（GB 50013—2006）修订、《辞海》及《水工业工程设计手册》的编写。范瑾初教授曾获得省部级二等、三等奖及其他科技进步奖7项、教学成果奖4项（其中3项为国家级二等奖）。

家境贫寒 立志求学改变命运

1935年，范瑾初教授出生在安徽省的一座乡村，在家中排行第六，是最小的孩子。到了读书的年龄，其他孩子都开始去私塾读书，他却因家庭贫困，迟迟没有就学。后来看到村中一个同样贫困但念过书的人，人生际遇得到大大改变，范瑾初教授心中也萌发了对求学的渴望，因此央求父母，宁愿自己饿肚子也要去上学。最后家里拗不过，就送他去了一所私塾，当时他已经十岁了，比起身边其他六七岁的同学，年龄要大些。

面对来之不易的读书机会，范瑾初十分珍惜、刻苦努力，在私塾的两年半时间里，他从识字开始，读了初小国文，其中包括《幼学琼林》。此外，还学习了不少古文，打下了扎实的语文基础。但私塾在数学教育方面有局限性，一次偶然的机会，范瑾初有文化的姐夫见到他的母亲时，劝说要让他去学校读书，于是举家搬迁，好让他转到另一座村庄的小学读书。转过去的时候直接跳级读四年级，然而当时他连阿拉伯数字也不认识，学习存在困难。幸好有同学热心帮助，常常在下课后帮他补习数学，于是他夜以继日地努力补课、自学，赶上了同学们的进度，仅四年半时间完成了小学学业。后来在读初、高中期间，范瑾初也成绩优异，并获得了学校的助学金。

勤奋刻苦的学习得到了相应的回报：他顺利通过了大学的招生考试，成为当地的第一个大学生。当时能去读大学的人很少，一名同村的小学教师看到了他的录取通知书，说这是值得庆贺的事，不但没有让他请客，反过来邀请范瑾初到他家里吃饭喝酒，以示庆贺。这份真挚朴素的情感，让范瑾初终生难以忘怀，后来回到家乡时曾多方打听这位老师，却始终未能联系上，令他十分遗憾。

弃文从工　理想发生转变

初高中时期，范瑾初就阅读了不少小说，对文学产生了浓厚的兴趣。高中时，他曾经给语文老师写了一副春联：勤勤恳恳，为人民栽花植树；谆谆教诲，替祖国培养新人。这副春联让语文老师印象深刻，特别鼓励他报考文科。当时，他的理想是将来当个作家。因此一直到高二下学期，范瑾初都侧重语文与历史的学习。

但到高三时，那时新中国刚成立没几年，一次偶然机会他听一个朋友说新中国百废待兴，需要大量的建设人才，当文学家不如去当工程师。这番话打动了范瑾初，让他对未来有了新的想法和目标，转而决定弃文从工，将来要成为一名工程师投身祖国建设。他开始重视数理化的学习，既为高考准备，也为大学阶段的学习提前打好基础。此时距离高考只一年时间，这个决定让老师和同学们十分讶异，但他决心已定，加倍苦学，最终成功考取了同济大学。

半工半读　开始教师生涯

大学开学，范瑾初教授独自一人带着行李坐火车来到上海。对大学朦朦胧胧只有初步概念的他，直到进入学校以后，才知道自己被分配的专业是卫生工程系（环境科学与工程学院前身）给水排水专业，随后就投入了忙碌的学业中。1960年，他服从学校分配，在毕业前一年就进入给水排水教研室半工半读（当时本科是五年制）。在此期间，他一面作为学生学习，一面协助杨钦先生做学术科研及教研室分配的事务工作。那段时期的经历，拓宽了他的眼界，也加深了他对科学研究的认知。尤其难忘的是，他以半工半读的身份第一次去兰州参加全国性"大型河水厂设计经验交流会"，行业内经验丰富的工程师们的交流，极大地触动了范瑾初，让他第一次真正开始对给水排水工程的重要性和背后的复杂性有了深刻认识，深感学海无涯，在校所学的那些知识不过是学习的起点。

治学严谨　勤勉耕耘

范瑾初教授后来长期从事科学研究，主要研究成果包括天然吸附剂研究、粉末活性炭应用技术研究、地表原水膜处理技术研究及超声辐照降解水中有机污染物研究等，在国家的水处理问题发展进程中起到了重要的作用，更是到多地开展了实地的考察，解决实际问题。

范瑾初教授先后主编、参编了多本教材，为了将杨钦先生、严煦世先生主编的《给水工程》教材传承下去，他十分认真地参与第三版、第四版的主编工作。在主编第三版时，为了能够更好地与主审和出版社编辑沟通，他曾经驻留北京半月有余，多次上门向主审清华大学许保玖教授请教，字斟句酌，仔细修改书稿。"教材应越写越好"是他的坚持，也是承诺。后来，《给水工程》（第三版）获国家级教学成果奖二等奖。

应出版社要求出版《给水工程》（第五版）的时候，范瑾初教授因身体状况一度不好，担心自己力不从心而影响教材质量，因此没有再继续担任主编，他将这个重任交给了他的学生高乃云教授，但仍由他作为主审，确保教材在一代代环境人手中能够薪火相传、后继有人。

在教学工作中，范瑾初教授始终秉持严谨态度。在本科生教学中，他要求自己：备课时，要把学生看作秀才；讲课时，就把学生看作蒙童。其意思是：备课时要严谨认真；讲课时要从容不迫，深入浅出。因此，他讲课深受学生好评，多次获教学优秀奖。在指导培养研究生过程中，他治学严谨，要求严格。例如，一名博士研究生因实验设备设计、加工未按时完成等原因，他决定要该生延长半年进行论文答辩，决不放宽对博士论文应有的要求。对于学生们的论文，他总是细心阅读、精心修改，甚至连标点符号都不放过，认真严谨，力求文字凝练。

为了解和督促学生们的论文研究进度，他坚持每周开一次课题组会议，每人都要汇报研究情况，他再给予指点和建议。他的严谨态度，对学生影响深远。现在，许多门生已是教授或其他单位任职的高级技术人员，至今依然对他的教导记忆犹新。

悉心爱护、严格要求，就这样，范瑾初教授了一批又一批硕士、博士，其中涌现出了不少的行业精英、学科栋梁。

素材来源：环境科学与工程学院资料及范瑾初采访素材

整理：张馨心、上官远路、武薇、黄世心、黄圣洁

科学报国同济情——记刘遂庆教授

个人简介

刘遂庆（1946—   ），男，同济大学教授，博士生导师，中共党员。1970年刘遂庆教授毕业于同济大学给水排水专业，留校任教；1978年攻读同济大学研究生，1981年获工学硕士学位；1984—1987年，国家公派英国进修，回国后任同济大学副教授，1990—1994年赴英国参加中国-欧盟科技合作研究，任欧盟研究员。1994—2003年，任同济大学教授、博士生导师、环境科学与工程学院副院长、院长、"联合国环境规划署-同济大学环境与可持续发展学院"院长、城市污染控制国家工程研究中心副主任。1994—2013年，刘教授先后担任中国土木工程学会水工业分会理事、中国城镇供水排水协会理事、上海市水务局科技委给水专业委员会副主任、《同济大学学报》编委、《给水排水》杂志编委和英国 Water Management 杂志编委。

他长期从事水资源系统和城市给水排水工程最优化理论和计算机软件开发领域研究与教学工作，先后主持和参加国家科技攻关项目"城市给水管网优化调度与运行"、国家高技术研究发展计划（简称"863"计划）项目"饮用水安全保障技术研究"、中国-欧盟合作研究项目"水环境数学模拟方法和计算机软件开发""上海市水源地可行性研究""中英高校联合交流"及世界银行贷款项目等重大科研项目。科研成果获得省部级科技进步奖、上海市科技进步二等奖，发表科研论文70余篇，主编国家"十五"及"十一五"重点规划大学教材《给水排水管网系统》等专业论著，培养硕士生、博士生和博士后研究人员70余人。

艰苦求学　矢志待风来

20世纪50年代初，新中国为广大农村儿童送来了弥足珍贵的上学机会。1953年，刘遂庆教授开始就读于家乡农村的初级小学，当时的小学是由一座龙王庙改建的，条件十分简陋，课桌是庙宇留存下来的石碑，坐凳是用土坯砌起的土墩。虽然学习条件十分艰苦，但校园读书声承载了新中国的光辉未来和农家父母与学童的美好希望，刘遂庆教授对于来之不易的学习机会十分珍惜，以优异的学习成绩满足了自己对知识的渴望。

1965年的夏天，怀着对科学的憧憬和对城市的向往，刘遂庆教授成功考取同济大学城市建设系，第一次从洛阳搭乘火车，走进了中国摩登城市的高等学府。

然而，1966年的"文化大革命"造成了一定的动荡，刘遂庆教授本能地认识到大学生的第一要务是不断汲取知识，不能浪费难能可贵的学习机会。在课堂教学停滞的情况下，同济图书馆后面一家不到50平方米的新华书店成了他自学知识的安静学堂，在这个狭小空间里，刘遂庆教授自学了部分专业课程，也自学了部分英语和日语，得到了当时特殊条件下的意外收获，在一如既往的刻苦与勤奋中，期盼着科学春光的到来。

1970年毕业后分配工作，刘遂庆教授幸运地被分配留校任教，开启了从事高等教育的职业生涯。刚开始他参加工农兵学员的教学辅导，后来又担任了"给水工程"和"建筑给水排水"的课程教学，由于刚踏入社会工作，对教学尚无经验，上起课来着实令他有些力不从心。为了能够把课上好，他努力自学，向教研室的教授和老师虚心学习求教，快速吸收专业知识，用边学边教的方式完成自己的教学任务。

1978年，全国恢复研究生招生制度后，刘遂庆教授选择继续深造，考取了首届全国统考研究生，师从同济大学环境领域著名专家杨钦教授，进入了水资源和给水排水工程最优化与计算机应用的先进科技研究领域，受到了导师杨钦教授对科研的认真态度与创新精神的深刻影响。1981年，刘遂庆教授取得了中国历史上首次颁发的"硕士学位"证书，再次留校任教。

远渡重洋　开阔国际视野

1984年，刘遂庆教授参加国家出国考试，考取了国家教育委员会公派留学进修资助名额，赴英国伦敦帝国理工学院留学进修水资源与水环境研究生课程，次年又赴英国伯明翰大学参观交流，收到该校讲师Roger Falconer博士邀请，合作开展水资源系统模拟和计算机应用技术研究，在美国土木工程师协会（American Society of Civil Engineers，ASCE）杂志上发表了第一篇英文论文。1987年英国进修期满回国后，他被聘为同济大学副教授，担任了国家环境保护局"七五"国家科技攻关计划课题"污水处理工程CAD"的技术负责人。

刘遂庆教授将自己在国外的所学所见所闻，用于报效祖国，得益于和Falconer博士的科研合作与交流，他也成功激发了对方对中国的认识与兴趣，Falconer博士多次来到中国访问。他们合作申请了欧盟委员会科学研究发展署（以下简称"发展署"）发布的中欧科技合作项目"水资源水环境数学模型研究"，成功获得了发展署的审查和批准，合作经费30万英镑。Falconer博士凭借此项目成功被英国布拉德福德大学破格聘任为教授。同济大学成为项目国际合作单位，刘遂庆教授也因此于1990年3月再次去英国布拉德福德大学担任欧盟项目研究员，共同执行项目研究工作。最终项目得以顺利完成，并先后邀请4名中国学者加入科研团队，架设起环境学院国际科技合作的新桥梁。两次国际科研合作经历，让他和Falconer教授建立了长期的合作关系和深厚的个人友谊，一直保持至今。

近七年的留学和国外研究工作经历，开拓了他的全球化思想和理念。刘遂庆教授始终坚持出国交流讲学和参加国际学术会议，到过亚洲、欧洲、美洲和大洋洲的近三十个国家和地区，先后获得了世界银行、欧洲联盟、英国、瑞士、法国、美国等国家和国际组织的科研合作资助，主持完成多项国际科技合作项目，扩大了同济大学在水资源管理理论和技术领域中的国内外学术影响。

科学报国　坚定理想追求

1994年4月回国后，刘遂庆教授先后被聘为同济大学教授、博士生导师，担任同济大学环境科学与工程学院副院长、院长。担任院长期间，刘遂庆教授坚持环境学院的研究型发展方向，确立将"对国家发展、对全人类环境保护做贡献"作为同济环境学科发展理念，提出了环境学科"国内领先、国际知名"的发展目标。

1998年，刘遂庆教授为了进一步推动与国际的长期合作，写信给联合国环境规划署，提议联合成立"联合国环境规划署－同济大学环境保护学院"（正式成立时名为"联合国环境规划署－同济大学环境与可持续发展学院"）。2002年，时任联合国副秘书长、环境规划署主任的Töpfer访问同济大学，签署联合成立学院的协议，刘遂庆教授被聘任为该学院首任院长。同济大学的环境教育开放给全世界，为发展中国家的环境保护、科技进步和人才培养提供了巨大的帮助。同济大学更是多批次派出学生到联合国环境规划署实习，与国外大学建立了广泛的合作联系。

在研究生培养工作中，一贯秉持科技创新的理念，要做有创新价值的研究。在他的严格要求下，培养硕士生、博士生和博士后研究人员70余人，为国家输送了一大批研究与实践相结合的高级人才。他带领课题组成员积极推进我国城市给水排水专业计算机应用软件的研究、开发和应用，2000年在国内创立"同济宏扬软件"品牌，填补了国内城市给水排水管网模型软件的空白，得到了广泛推广应用，取得了显著的应用效果和经济效益，2012年获得上海市科技进步二等奖。

2002年，他牵头同济大学和上海自来水公司共同申请城市供水安全保障领域的国家"863"计划项目，对上海供水水质的提高发挥了很大的作用，同时引领了国内供水安全领域的科技进步。同年，他再次和中国科学院地理研究所等单位与芬兰农业食品研究院共同合作申请到了中国欧盟科技第五框架项目"城乡水资源可持续开发利用研究"。2005年他主持中法合作项目，分别由中国科技部和法国科技部资助，研究城市水体污染防治，包括崇明东滩的湿地保护。这些国际科技合作研究项目提高了同济环境学科的国际学术地位，也形成了同济环境学科的显著特色。

砥砺前行　践行同济精神

2011年退休后，刘遂庆教授仍然受到国家高速发展与科技进步的强烈感召和激励，坚持着中国知识分子的科学报国初心，继续坚守在自己热爱的教育事业岗位上，潜心钻研应用计算机软件研究，编写水环境模拟计算软件，置身于专业科技进步的行动中。2012年刘遂庆课题组获得了上海市科技进步二等奖，2017年为上海市重大工程项目提出论证和建议，被评为上海市优秀人民建议，2020年申请了3项给排水管网优化设计和实时模拟计算机软件的著作权。

坚持学习，勤奋耕耘，努力践行科学探索的同济精神，让科技创新成果成为中国科技进步的亮丽名片，永远是他作为一位同济环境人的使命和追求。

素材来源：环境科学与工程学院资料及刘遂庆采访素材
整理人：张馨心、武薇

怀抱理想 大胆实践——记赵建夫教授

个人简介

赵建夫（1963—   ），男，浙江嘉兴人，中共党员。1990—1992年在同济大学环境工程学院从事博士后研究；1992—1995年期间在同济大学环境工程学院工作，时任副教授、教授，污染控制与资源化研究国家重点实验室常务副主任；1997—2000年任同济大学高等技术学院常务副院长；2001—2003年任同济大学环境科学与工程学院副院长、院长、国家重点实验室主任。自1990年来主要从事环境工程领域水污染控制方向的科学研究和人才培养，承担并主持国家、上海市和教育部重大科研项目12项，获国家和省部级教学、科技奖励5项，时任"863"计划资源环境技术领域环境污染防治技术主题专家组组长、国家秘密技术审查专家、国家环境保护总局"环境使者"、教育部全国本科院校高等技术教育协会秘书长、中国可持续发展研究会常务理事。

读书明志 确立求学目标

1963年，赵建夫教授出生在浙江嘉兴的一个普通家庭，家里人朴实本分，祖祖辈辈都是农民。虽然幼时家中条件艰苦，但在时代的发展浪潮中获得了宝贵的求学机会，渴望读书的他倍加珍惜，从小学到中学一直成绩优异。在中学时，很多老师是下乡的大学生，知识储备相对较多，一句"三十而立，四十成'（专）家'"，激励着他坚持求学。1979年，乘着改革开放的春风，16岁的他参加高考进入大学，一路完成了本硕博阶段的学习。大学里，他先是读化学专业，后来响应国家对理工科人才的需求及环境保护的需要，又转向了环境工程专业。

1989年，赵建夫教授在清华大学完成了博士答辩，对于未来的规划他也曾有过迷茫，虽然当时很多公司或单位来清华招聘，但他并不想进入企业工作，也无心从政。或许是机缘巧合，抑或是冥冥之中的注定，在答辩当天，他提出的故宫下水道设计得到了答辩主席陶葆楷先生的赞扬，点评道："我看你思路蛮清晰，表达也不错，适合大学里做教授。"这句话给了他新的启发。

答辩之后，赵建夫教授明确了自己内心的想法：要进入高校继续从事科研工作。而在当时的专业领域里，全国只有清华和同济设立了博士后流动站，于是他给时任同济大学环境学院院长的顾国维先生写了封信，信中提到：我是南方人，很崇尚同济，想去同济读博士后。顾老师很快回信：欢迎来，同济很好。

恩师顾夏声先生很支持赵建夫教授的选择，还特意叮嘱他到同济之后要主动帮忙，多做出一些贡献。在同济期间，他没有辜负这句叮嘱。不仅一直从事环境工程领域水污染控制及污染物环境行为方向的相关研究，更是为学科、学院乃至学校建设做出了多项有益探索。

践行理想　创新引领发展

自1990年进入同济做博士后，与同济相伴的几十年里，赵建夫教授凭借他的创新精神，在众多领域敢为人先。早在大学时期，赵建夫教授就勇于尝试各种新事物，比如当时鲜有人会想到要自己办企业，而他在清华读书时就已经创办了一家科技服务中心。来到同济后的第一年，他拿到了一个自己的项目，获得了5万元项目经费，正式开启他的独立科研工作。学校鼓励创新、信任人才的氛围让他能够更加大胆地放手去尝试实践想法，他牵头了一系列校企合作、多校协作的项目。

同济环境科学与工程学院的重要科研平台建设大多有赵建夫教授的深入参与。1991年，国家批准同济大学联合南京大学一同成立污染控制和资源化研究国家重点实验室，项目启动后，他先后担任国家重点实验室副主任、主任，完成了实验室的基础搭建。这一重要项目落地之后，他立刻思考新的布局，选择到科技部挂职锻炼，积累经验、拓宽眼界。那段时间里他开始筹建同济大学高等继续教育学院，凭借着个人独特的创新管理方式，使同济大学高等技术学院成为与国际接轨的国内一流高等技术学院，为社会输送了大批急需的专业人才。

意识到保护生态环境的重要性，2002年初，赵建夫教授开始调整自己的研究方向，从原本的污染治理转到生态环境的保护。2006年，面对国家经济发展对保护长江的重大需求，赵建夫教授将目光聚焦到三峡库区和长江流域，但因水域太广，仅凭一所高校的力量很难进行调研和研究，于是他提出联合长江沿线的大学成立"长江水环境高校协作组"，以三峡大坝对生态环境的影响、长江生态系统演变等相关课题为依托，推动沿长江校际合作、企业合作和中欧国际合作，为后期的长江大保护贡献研究基础，并由此成立了长江水环境教育部重点实验室。

围绕长江环境保护的战略，赵建夫更是留意到其他一些国家开展的环境样品系统性收集和长期存储的新概念。2009年，瑞典斯德哥尔摩大学Åke Bergman教授和瑞典自然历史博物馆Anders Bignert教授首次访问同济大学，他们介绍了瑞典和国际上环境样品库建设，次年赵建夫教授就提议，同济大学与瑞典斯德哥尔摩大学及瑞典自然历史博物馆签署合作备忘录，建立十年合作计划。其后，他又牵头与嘉兴市政府签署合作协议，嘉兴市政府出资一个亿，与同济大学合作成立嘉兴同济环境研究院，共建长江环境样品库，样品库的积累与检测对全面追踪人类生存环境的变化、污染物沉积以及生物多样性等研究领域起着举足轻重的作用，该研究院已于2022年获评全国科学普及教育基地。

未尽人意　环保途中憾事

尽管成就了诸多重要项目，但赵建夫教授对于其中一部分未能达到最初期望的事依然心存遗憾。例如2007年，他在甘肃建设"世博林"，主导了甘肃环县的生态系统建设项目。那个县城是全国贫困县，10 000平方米的土地只有30万常住人口，面临着季节性干旱、过度放牧导致生态失衡以及地下水偏咸等制约发展的环境问题。恢复生态活力的愿景一经萌生，赵建夫教授立刻行动，先以5千亩（1亩约等于666.667平方米）农田为试验基地，尝试改造土壤条件，其间亲自带领团队到田边做调研、建水库、做咸水淡化处理，种植的树木还作为碳汇捐给上海世博会，命名为"上海世博林"。在他的设想中，环县"有了水，全盘皆活"，能够依托自然环境资源发展经济，形成一个经济与环境并行发展的良性循环。可惜的是，在这片广袤大地上建成生态绿洲需要长期的资金、设备和人员投入，在多项现实因素的限制下，未能实现一开始想要建设100平方千米生态基地的建设目标，直至现在他仍满怀遗憾。

另一件难以忘怀的事，则是长江科学实验船的建设。搭建一艘立足长江、建设长江、服务长江的科研船是赵建夫教授执着十余载的心愿。在这期间，赵建夫教授两次推进这一项目，希望将其用于长江流域的保护性开发及长江水资源的研究利用，然而由于多方原因，考察船项目一直搁置受阻，至今提及，赵建夫教授仍觉十分遗憾。

虽有遗憾，心向往之，赵建夫教授的魄力和坚毅助他屡败屡战、从不轻言放弃，开辟新领域、启迪新思路、无畏新挑战，这又何尝不是另一种成功呢？

躬耕教育　培养卓越人才

赵建夫教授极其重视教学工作。他认为"受过好的教育不等于自己会教育"，因此为了更好地指导学生，赵建夫教授自行研究教育学和教育史学，也曾前往欧洲研究西式大学教育，以兼收东西方教育思想的精华。

2000年任分管教学的副院长后，赵建夫教授牵头组织建立了环境科学专业，促成学科"转型"，让培养的人才能够与国家发展接轨。当时为了让这个新专业能够拥有发展的根基与活力，他还前往国外进行调研，观察国外大学教育的可借鉴之处。比如选择小班化的教学模式，这在当时还不被广泛接受，赵建夫教授坚持申请、克服困难，亲自担任环境科学专业的班主任，尽可能腾出一切空余时间和几乎所有的假期与学生一起讨论，带领他们学习和实习，甚至在假期和周末带他们去南京等周边城市参观、做调研，为了能多和学生们交流，他还自行买了辆车以便往返四平路校区和第一届环科大一新生所在的沪西校区。

在国家重点实验室任副主任、主任期间，他深深感受到了教学中的"脱节"，学院有很好的平台、教授们有重大的科研项目，但学生（尤其本科阶段的学生）很难参与其中。2002年，为了促进学生们创新能力的提升，培养科技创新解决社会问题的意识，他又带领环境学院开展大学生科技创新实验，鼓励学生们自由申请项目，联系教授作为指导老师，并且提供经费支持。这一系列举措，奠定了学院的前进方向并营造了浓厚的学术创新氛围，为学院注入新鲜活力，孵化出许多颇有亮点的创新项目。

除了拓宽眼界、打下好的思维基础，赵建夫教授也很重视学生的综合发展，鼓励学生们主办、参与活动。他清楚记得有一个学生来学院做高考咨询的时候甚至不敢说话，都是妈妈和外婆在提问，后来这个学生考进了环境科学专业，赵建夫教授就十分鼓励这个学生参与集体活动，还将活动交给他去筹办，并组织其他同学给他捧场，通过这样的锻炼让原本腼腆内向的学生变得更加自信，敢于提出自己的想法和主张。

对于课题组文化，赵建夫教授的理念是自主、自立、自省，在把握大方向的基础上，给予研究生选题的自由性，导师的作用更多在于抓底层思维逻辑，将科学素养渗透学习生活以及工作的方方面面，重视判断依据、重视推论的过程而不是盯着结果，因此不要瞻前顾后不敢尝试，要能解决真正存在的问题。他的一句"时间非常珍贵，我们不能把它用在预防失败上"，令学生印象深刻。多年来，他共培养了硕士研究生、博士研究生、博士后50余名，在教学方面多次获国家级教学成果奖、上海市教学成果奖，为培育环境科学领域卓越人才呕心沥血。

提及赵建夫教授，许多同济环境人对他的印象一方面是大胆创新，另一方面则是他的淡泊名利，在学校里，他是出了名的"不和人争名，不和人争利"，一心扑在了自己想要做、将要做的实事上。怀抱保护环境的理想，做踏踏实实的事情，这是老一辈同济环境人留下的宝贵精神财富，质朴纯真，熠熠生辉。

素材来源：环境科学与工程学院资料及赵建夫采访素材

整理：上官远路、张馨心、武薇

师爱铸就点灯人——周琪教授的教书回忆

个人简介

周琪（1955— ），男，同济大学教授、博士生导师，曾任同济大学环境科学与工程学院院长、污染控制与资源化研究国家重点实验室副主任、长江水环境研究教育部重点实验室主任、第六届国务院学科评议组成员、教育部环境科学与工程教学指导委员会副主任，现任中国工程教育专业认证协会环境工程分会副主任、中国环境科学学会监事。

周琪教授长期从事水污染控制理论与技术研究，主持科研项目30余项，拥有多项国家专利，在国内外专业期刊上发表论文200余篇，科研成果荣获国家科技进步二等奖，省部级科技进步和技术发明一等奖、二等奖，国家级教学成果奖二等奖，上海市育才奖，宝钢教育奖等多项奖励。

回顾过去，周琪教授对他曾在小学、中学和大学担任教师的经历深感自豪。于他而言，这段不断进取、从如何当一名合格的老师到当一名好老师的过程，是值得总结与记录的。

珍贵的小学、中学教师经历

周琪出生于重庆，父亲是一名大学教授，母亲曾在大学教务处工作，后来到中学当老师。正因此，周琪小时候就一直跟随父母在校园里生活和学习。幼时与"校园"结下的不解之缘，让他对"长大了也当老师"产生了一种向往。

读大学前，周琪有过一段上山下乡当知青的经历，当时他在四川省宣汉县昆池区东安公社十一大队第七生产队插队落户（现为宣汉县茶河乡）。在当地务农的第三年夏天，生产大队的书记找到他，说大队小学有一个民办教师的职位缺人，大家认为他去最合适。完全没有犹豫，周琪非常高兴地应允了。暑假过后就开学了，大队小学里加上他一共仅有三名老师，语文、算术、体育、音乐、美术等各门功课都由一个人教。因为学生人数不多和教师的短缺，他教的是一个复式班，即一年级和四年级学生合班上课，上课时先给一个年级讲课，另一个年级布置课堂作业或阅读自习，然后再轮换。

当时学校条件十分艰苦，几间土坯房就是教室，墨涂在墙上就是黑板，桌子就是砖上铺木板，凳子是学生从家里带来的。村里的小学生早上来校上课，下午放学回家还要帮大人干家务活，课本也大多是哥哥姐姐传给弟弟妹妹的旧书。学费虽然很低，但每年还是有一部分学生交不起学费。目睹了农村的贫困，周琪总是在力所能及的情况下尽力帮助学生学习。有些家长觉得读书没用，特别是女孩子的入学率较低，还有的因为家里贫穷就不让孩子继续上学了。因此，每次开学前，他都要和其他老师到可能辍学的学生家里去动员说服，尽量让适龄的孩子都能读到书。

周琪的教学方法是老教师"传帮带"和自己琢磨学习的。第一次走上讲台时，他很紧张，对着黑板讲课，不敢面对学生。当时学校的负责人唐良允老师就从如何备课、如何板书、如何用生动的语言讲课来启发他。包括在讲课的时候一边讲一边观察学生的表情，及时调整讲课内容及速度等方法也是受到老教师的教学法启示学会的。这些为他后来从事教学工作打下了重要的基础。

对他来说，当小学教师的一年半时间是最愉快的，学生和家长发自内心地对教师的尊敬给予了他莫大的鼓励。因为他的教学效果很好，后又被调去公社中心学校任初中教师。得到调令时，周琪心里很忐忑，这对于当时的他来说是难度很高的新挑战。因"文化大革命"，他只读到初中就下乡了，所以很担心自己掌握的知识不能满足教学的要求。为此，他下定决心一边复习初中课程，一边自学高中课程。最终，教学得到了学生和学校的认可，学校也曾积极推荐他到县中学去任教。这一段"教与学"的经历，对他在恢复高考后成功考上大学有极大的助力。

勤勉的大学教师经历

周琪是"文化大革命"后恢复高考的第一届大学生。那时说要恢复高考大家都半信半疑，但他还是全力以赴去争取这个可能的机会，报完名后除了上课就是复习备考。功夫不负有心人，他考上了重庆建筑工程学院（后并入重庆大学）给水排水工程专业。

1977级的大学生大多学习都非常刻苦，十分珍惜来之不易的学习机会，周琪也不例外。个中努力与付出难以一言道之，但他顺利毕业并成功留校担任高校教师的结果应该是对他大学期间夙兴夜寐的最好回报。在从教的同时，他还攻读了硕士学位，从未停下学习的脚步。

成为大学老师后,他的第一个教学任务就是带领毕业班学生赴浙江、江苏、上海等地进行毕业实习,第一次给学生讲的课是《排水工程》(上册),第一个参加的设计实践是某市的自来水厂扩建,第一个科学项目就是在导师孙慧修教授指导下的印染废水厌氧生物处理技术研究。在硕士期间从事的厌氧生物处理研究也成了他后来的主要研究方向之一。

坚持学习的信念一直在鼓励着周琪再努力一些、再进步一些。从教后,他时常觉得自己的知识储备仍有欠缺,于是报考了清华大学的博士生,幸运地成为我国环境工程学科创始人顾夏生先生的弟子,在污水厌氧生物处理方向上继续研究。顾先生治学严谨,鼓励学生在科研上自主创新,重视学生的基础知识学习,要求周琪做好科研工作的同时,还为他"量身定制"了博士期间的课程学习和知识水平提高方案,包括去北京大学上生物化学课和去中国农业大学上微生物学大实验课等。在顾先生和副导师胡纪萃老师的悉心指导下,他顺利完成博士论文研究。当时清华大学有一个助教博士生的制度,他积极担任了黄铭荣教授讲授的"水处理工程"课程助教,一边科研一边教学,使他在攻读博士学位期间,教学方面也得到了长足的进步。

1993年春,周琪顺利通过博士论文答辩后,经推荐来到了同济大学顾国维老师课题组继续从事博士后研究,在顾老师的指导下,他的科研能力得到进一步提高,在站期间被评为副教授。出站后,又作为访问学者和高级访问学者,赴美国和中国香港合作开展科学研究。2017年,结束了访问学者的研究工作后,周琪教授再次回到同济大学,先后担任市政工程系系主任、学院主管教学的副院长和学院院长。除了管理工作、研究生导师和博士后联系导师以外,他一直承担着环境科学专业本科和环境工程硕士生及博士生的教学工作,直至退休。

一分耕耘 一分收获

1998年,周琪教授参加了钱易院士牵头的国家重大科技项目——对滇池流域面源污染治理技术开展研究,并在云南昆明呈贡区大渔乡进行示范试点。由于城镇化和滇池周边的面源污染,滇池的蓝藻频繁爆发。在钱易院士的指导下,他和项目组的老师们一起,围绕滇池周边花卉基地和蔬菜基地的农灌水中氮磷污染控制开展了技术研究,在昆明市呈贡区大渔村建立了人工湿地示范基地,经过三年的研究和示范,取得了很好的氮磷控制效果。后来，他主持的滇池入湖河流水质修复的示范课题也采用了恢复河口湿地的方法，取得了良好的效果。

他还负责了科技部重大科技专项城市污水处理与资源化技术研究及工程示范、国家重大水专项的巢湖流域城市水污染治理与示范项目，在城市污水治理、受污染河道生态修复方面得到了应用。这些成果获得过国家及省部级科技成果奖励，培养了一批高水平的科技人才。

在科学研究的实践中，他认识到解决实际问题是环境工程学科研究的立足点。农村面源污染控制的研究对象就是如何控制降雨对土壤中的氮磷冲刷，野外现场就是实验室。当降雨发生时，住在现场的老师和同学们不分白天黑夜，全体都到现场采样和开展试验。采回的大量样品需要及时处理和分析，试验结果要及时总结，这里都饱含现场师生们的辛劳。从事科研要有"乘长风破万里浪"的精神，自始至终坚持勤奋学习、刻苦钻研、独立思考、勇于创新，不畏艰苦，才能不断产出高水平的应用成果。

在教学实践中，他深感要成为一名合格的大学工科专业教师，应该将科技成果及时融入学生专业教育中。在给硕士生和博士生讲授人工湿地净化水质的课程时，他十分注重将自己的研究和国内国际在该领域的研究进展融入授课中；在为环境科学专业本科生开设水污染控制工程课程时，也将专业前沿的科技内容和书本的教学内容相结合，以激励学生不断追求创新。

在参与工程教育认证的过程中，他逐步建立了以学生为中心、以产出导向的工程教育理念，时时关注自己的教学能够让学生掌握什么能力？达到什么目标？对于硕士生和博士生的指导，他会尊重学生对自己研究方向和课题的想法，尽力去支持他们实现自己的目标。他认为应该培养学生具备跨学科的思维、孜孜不倦的追求、终身学习的决心和不断创新的精神。只有保持好奇心，不断学习，才能够赶得上时代的变化和科技的发展。

回忆自己的教学生涯，周琪教授说："我的第一位启蒙老师为我打下了课堂教学方法的基础，使我在三尺讲台上一直站到退休，培养了150多名硕士和博士研究生。我当教师的父亲、母亲和指导我学业的导师们将为人处世的优良品格传给了我，在我指导学生时以他们为榜样，培养出的学生都很优秀，我也不断收获学生取得成就的快乐，这是当老师才能体会到的幸福。"

周琪教授虽然现在已经退休，但仍担任中国工程教育认证协会环境科学与工程专业委员会任副主任一职，从事环境科学与工程类专业教育认证的工作，继续在高等教育领域里发挥余热，和教师们一起探索工程教育的改革，迎接未来的挑战和发展。

"蜡烛精神是教师职业的真实写照，作为一生的职业和追求，我一直为能成为教师而感到骄傲与自豪。"周琪教授如是说。

素材来源：环境科学与工程学院资料及周琪采访素材

整理：张馨心、武薇

竭力报国显真章——戴晓虎教授的时光印记

个人简介

戴晓虎（1962— ），江苏镇江人。1987年公派留学德国，1992年获德国波鸿鲁尔大学博士学位。在德国工作、生活23年，2010年作为海外高层次人才全职回国工作，2019年恢复中国国籍。2012—2021年任同济大学环境科学与工程学院院长，现任城市污染控制国家工程研究中心主任，兼任国务院学位委员会环境科学与工程学科评议组成员、国家污泥处理处置产业技术创新战略联盟理事长、国际水协（International Water Association，IWA）Fellow等。

戴晓虎教授长期致力于污水、污泥及有机固废资源化处理处置理论与技术研究，在污染控制、固体废弃物资源化、节能减排等领域做出了诸多开创性成果。先后主持国家自然科学基金重点项目、"863"计划、国家科技重大专项等科研项目10余项，发表学术论文500余篇，其中SCI论文350余篇，入选2022年度全球"高被引科学家"名单[①]，2023年度终身科学影响力排行榜与2023年度全球前2%顶尖科学家榜单。荣获第三届全国创新争先奖、第十四届光华工程科技奖、国家级教学成果奖二等奖等荣誉奖项。

少时立志　朝乾夕惕索真知

1962年，戴晓虎出生在一个军艺家庭，他的父母亲历了解放战争和抗美援朝战争，在朝鲜战争中荣获多枚荣誉勋章，母亲在抗美援朝战争期间，更是全程奔赴前线进行展演慰问。从炮火喧嚣的战场归来后，他们又主动要求支援边疆建设，于是幼年的戴晓虎跟随父母辗转新疆、青海等地，见证了中国这片辽阔土地上的发展。在军队家庭文化的浸润下，在耳濡目染的熏陶中，戴晓虎自幼便怀有强烈的民族使命感，立下了建设祖国的远大梦想。

后来，戴晓虎随父母搬迁至江苏镇江的一个农场，虽然当时条件十分艰苦，但在父母言传身教的熏陶下，戴晓虎在小学时便刻苦学习，取

---

① 该名单由科睿唯安（Clarivate）发布，其包括全球高校、研究机构和商业组织中对所在研究领域具有重大影响的顶尖科学人才。

得了优异的成绩，并一直担任班长。

到了中学阶段，父母担心农场学校的教学质量，想要送他到市里读高中，可是没有地方住成了主要问题。好在学校负责人体谅，同意戴晓虎晚上在学校留宿。除了偶尔和学校食堂的厨师挤在一间没有窗户的小房间，大部分时间他独自睡在教室里面，晚上同学们回家了，他把桌子拼一拼当作简易床，早上再恢复原样。

生活上的困难并没有让戴晓虎退缩，农村和城市的教学差距让他在初入高中时就意识到了自己的不足，所以他非常勤奋努力，把握难得的学习机会。刚到市里高中时，他的入学考试成绩并不理想，物理也仅仅考了10分，但他没有放弃，发奋努力，很快适应了新环境，在一个学期以后就进入了班级前十，之后就基本稳定在班级前三名。

或许是母亲的激将法"考不上大学就回农场开拖拉机"，或许是对知识的渴求与对未来的美好期盼，鞭策他每时每刻都以严格的标准要求自己，在高考时取得了亮眼的成绩。

结缘同济　勇立潮头敢为先

与同济结缘是一个巧合，但或许又有着命运之必然。七岁时，戴晓虎和父母到任教于复旦大学的舅舅家做客，乘坐的55路公交车经停在同济大学校门，父母告诉他说："这就是同济大学。"透过车窗，看到校园里抱着书行走匆匆的学生、明净有序的教学楼和丰富的运动设施，朝气蓬勃的校园令他心生向往。

正因如此，高考成绩公布后，戴晓虎一度非常纠结，父亲的建议是报考南京工学院（现东南大学）学习无线电专业，离家比较近，而且录取的可能性更大一些，但他脑海里依然盘萦着"同济"二字，所以自作主张在志愿表上填写了同济大学为第一志愿。回到家后，家人们经过一番激烈讨论，最终还是决定把第一志愿修改为南京工学院。无巧不成书，就在前往镇江市招办的路上，公共汽车抛锚了，改乘其他汽车赶到市招办时，却被工作人员告知无法修改，志愿表已打包刚刚送往江苏省招办（南京）。就这样，戴晓虎翻开了他在同济七年求学的新篇章。

1980年9月，戴晓虎进入同济大学热能及环境工程系，修习环境工程专业，当时是首年在招生目录上出现环境工程专业，该专业学制五年，并要求第一学年基本以学习德语为主，同时由外教教授核心专业课程，比如给水工程就是由德籍外教讲授，并用德语考试。在20世纪80年代，这样的授课模式是非常新颖的探索，要求也非常高，这为他后续前往德国深造奠定了坚实基础。

专注课业之余，他也没有忘记父母辈的教导，入校后便响应号召、努力进取，并成为学院的首批学生中发展的党员，跟着教工党支部进行政治学习和组织生活，开阔了视野，积极参与环境系的学生工作，环境系在学校举办的体育比赛和"一·二九"歌舞比赛等重大活动中，经常拔得头筹。凭借优异的成绩和丰富的学生工作经历，1983年戴晓虎获评上海市"三好学生"。这一荣誉得之不易，需要在校表现好，同时还要求当学年包括体育在内的全部课程优秀方可参评，全上海一年的获评人数也仅有十几人。对他而言，这是求学阶段非常重要的肯定与鼓励。后来，由于当时1983级环境班的班主任杨海真老师出国学习，戴晓虎作为学生干部被委托接手了带班工作。亦师亦友的良好相处让整个班级学习气氛良好、班风团结和谐，最终班级走出多位知名校友，"环境83级"也在后来获评"上海市优秀班级"，他本人也获得了"上海市优秀毕业生"的荣誉。

戴晓虎教授本科毕业那年，全国范围内开始扩大研究生招生规模，同济大学同步推出免试研究生政策，按照1.5%的比例推免且可以自主选择导师，他凭借优异的成绩获得推免名额，进入高廷耀教授课题组开始研究生阶段学习。

在大三时，戴晓虎曾跟随朱锦福教授搭建了杭州建德啤酒厂废水UASB示范研究项目，读研后继续之前的研究内容，利用假期在杭州建德啤酒厂开展现场的中试研究工作。殊不知当时学校正在选拔前往德国学习的优秀学子，学院准备推荐他参加考试，却因为他在外地进行中试研究，通信不便一直联系不上。无奈之下，学院朱锦福教授乘坐大巴亲自前往建德啤酒厂找他，第二天返回上海。此时距离考试仅剩三天的时间，他加紧复习，最终以第一名的优异成绩，顺利拿到前往德国深造的宝贵机会。

留学德国　百炼成钢显担当

1987年4月，经国家教委公派，戴晓虎前往德国波鸿鲁尔大学留学，就读土木工程系环境工程专业。由于当时国内的本硕课程和德国的课程体系差距很大，两国的教学体系衔接不紧密，如果要继续在环境方向获取攻读博士学位的资格，必须完成土木类基础专业课程，于是他勤奋努力，刻苦学习，又补充学习了九门专业课（包括地下工程、海洋工程、交通工程、钢结构等科目），并顺利通过考试，取得了攻读博士学位的资格，为了节约时间，在补专业基础课的同时也开始了"污水处理生物脱磷"的博士课题研究工作。该课题当时在德国是全新的研究方向，研究难度较大，在课业压力和科研压力的双重挑战下，他依旧保持高效的专注力，于1992年4月以优异的成绩顺利取得博士学位，研究成果得到德国同行的高度认可，同时该研究也被德国设计指南采纳。毕业后，他在德国知名环境公司HANS BROCHIER先后担任项目部经理、技术总监等职务，后又进入德国跨国企业PASSAVANT-ROEDIGER环境工程技术公司，担任技术部主任和技术总监，主要负责全球技术及新技术研发工作，开发了多项国际领先技术，建成了多个国际上首创的示范工程，包括全球第一座规模化易腐垃圾厌氧消化生物质能回收工程、第一座大型城市污泥高温厌氧消化工程、第一座大型扁平式污泥厌氧消化工程等，足迹遍布全球，在工程基础研究及关键技术创新方面取得了多项创新成果，积累了丰富的经验，是国际上环境领域的知名学者。

离乡多年，始终心系祖国。2000年，戴晓虎放弃了国外优厚的待遇，向同济大学确定了留校意愿。然而在即将回国之际，他在德国的博导过世，临终托付，老教授希望这位得意门生能帮忙照看他的妻子，一向重情重义的他感念师恩，只得延缓回国计划，坚持照顾师母晚年直至2007年师母过世。

在德期间，戴晓虎一直与母校保持着紧密联系，其恩师高廷耀教授每次访问德国，都和他见面畅谈，关心他事业的发展，希望他能尽快回到同济。恰逢国家大力引进海外高层次人才，学校积极协助他申报了"国家千人计划"，并顺利入选。

2009年10月，他受到中国共产党中央委员会组织部邀请，回国参加了国庆60周年阅兵典礼，并在人民大会堂受到时任国家主席胡锦涛的亲切接见。中央领导在会面时感慨道：你们是在祖国经济状况不是很好的情况下送到国外留学的，现在国家科技发展需要你们，为你们搭建了平台，希望你们能够回来报效祖国，实现人生理想。戴晓虎回忆，当时真的很幸运，能公派出国留学，国家非常重视留学生培养，倾尽全力，我们这代留学生时刻铭记。

在国家和母校的召唤下，2010年戴晓虎全职回到同济大学，并于2012年开始担任环境科学与工程学院院长。

至诚报国　砥砺奋斗谋新篇

回国后，戴晓虎积极参与住建部和科技部科研项目的动议，被推荐和遴选成为国家"863"计划项目组专家，并担任污染控制技术主题专家组组长，参与国家"十二五"污染控制领域科技项目的顶层设计，同时作为"863"计划首席科学家承担科研经费七千万元的重大项目研究；"十三五"期间，他先后担任水污染控制与治理国家科技重大专项总体专家组成员，以及国家重点研发计划"固废资源化"重点专项的共同召集人；"十四五"期间，他担任国家重点研发计划"循环经济关键技术与装备"重点专项副组长等职，积极推动固废领域的科技创新。此外，他在归国后依旧长期保持与德国高校、研究所的密切联系，大力促成中德合作，参与策划了中德双边政府"清洁水创新研究"合作计划，主要应对中国水污染问题，在太湖、滇池、巢湖等流域开展研究，共设了10余个专题，六七十家德国企业和高校参与，共同解决中国水环境问题。

在任学院院长期间，他坚持"补短板、强弱项、固优势"方针战略，带领环境学院见证院士、长江学者、杰出青年等高端人才从无到有；在全院师生的共同努力下，获评A+学科，积极推动了同济环境学科的发展。

在科学研究方面，针对我国市政污泥厌氧消化效率低、深度脱水难度大、产物出路受限的瓶颈难题，他带领团队在污泥全链条资源化处理处置方面做出了创造性贡献，开发了具有自主知识产权的污泥高含固/协同厌氧消化关键技术，大幅提升厌氧转化效率；创建了污泥水分分型定量表征及梯级脱除工艺方法，显著降低运行成本与能耗；突破了污泥高级厌氧消化沼液两段式厌氧氨氧化自养脱氮关键技术。研究成果率先在长沙、镇江、西安等地实现工程示范并推广应用，推动了我国污泥处理处置的技术进步和高质量发展。

在人才培养方面，戴晓虎坚持立德树人，通过言传身教，建设了一支具有国际影响力的高水平研究团队，入选同济大学卓越导学团队、同济大学黄大年式教师团队。先后培养博士毕业生20余人，硕士毕业生60余人，其中入选中国环境科学学会首批优秀博士学位论文1篇，获上海科技青年称号35人、引领计划1人、上海市领军人才（海外）青年项目1人、国家博士后创新人才支持计划1人、上海市超级博士后3人、香江学者计划1人，获环境领域高廷耀奖学金、唐孝炎奖学金、钱易奖学金7人次，获上海市优秀毕业生、同济大学优秀毕业研究生、学术先锋等荣誉称号10余人，为国家培养了一批优秀人才。

2022年，戴晓虎获中国工程界最高奖项——光华工程科技奖，并牵头荣获国家级教学成果二等奖；2023年，戴晓虎荣获全国创新争先奖；2024年，戴晓虎荣获同济大学"追求卓越教师奖"，这无疑是对他多年立足于国内环境实际问题、围绕污泥及城乡有机固废资源化技术潜心攻关研究，以及教学人才培养的肯定和鼓励。

素材来源：环境科学与工程学院资料及戴晓虎采访素材
整理：武薇、张馨心

青春之姿　强国有我

　　同济环境学子作为未来生态文明建设的生力军、主力军，在校园文化和专业底蕴中涵养青春无畏、敢于拼搏的志气、骨气和底气，以"心系祖国千山万水，志在乾坤风清月明"的责任使命奔赴时代之约、青春之约。他们积极响应时代和青春的召唤，将论文写在祖国大地上；他们前往条件艰苦的基层、国家建设的一线和项目攻关的前沿，接受各种挑战和锻炼，增长才干；他们怀揣着对世界的关注和对人民的服务精神，在不同的岗位上，闪耀出自己的光芒；他们用实际行动发出了"强国有我"的铿锵誓言，为推动绿色发展和建设美丽中国贡献自己的智慧和力量！

绿行天下 有你有我
——记同济大学环境学子志愿服务足迹

环境学子充分运用学科的理论知识，以其积极向上的精神和服务意识，在志愿者服务方面发挥着重要的作用。他们的志愿服务足迹遍布校园内外，涵盖了各个领域和群体。从社区环保到教育科普，再到扶贫支教，处处都有着环境人的身影。在众多志愿服务团队中，有一支队伍脱颖而出，那就是同济大学生态文明志愿服务队。

同济大学生态文明志愿服务队的前身是成立于2006年的环境学院"绿行者"志愿服务中队。从创立之初，"绿行者"就以环境保护的宣传科普与志愿实践为服务主线，广泛开展环保科普志愿服务，从深入千家万户的社区环保宣传，到足迹遍布上海的场馆志愿服务，"绿行者"一直牢记环保的初心，践行着志愿的使命。2015年，"绿行者"志愿服务中队获评第二届中国青年志愿服务项目大赛银奖。2020年，为贯彻落实习近平生态文明思想和党的十九大精神，服务上海市、学校环境保护中心任务，"绿行者"志愿服务中队整合优势资源，创新工作方式，在原志愿服务体系基础上成立了校级志愿服务队——同济大学生态文明志愿服务队。2020年，服务队当选为市教委和团市委牵头成立的上海市青少年生态文明志愿服务总队主席团单位；2021年，服务队荣获"长三角优秀科技志愿服务组织"称号。

"绿行者"的十八年，是环境学子以赤诚之心服务祖国大地的十八年。从成立之初至今十余载时光，一代代志愿者不断传承、迭代，将这颗绿色的种子播撒开来，才有了如今的影响力与凝聚力，展示出环境学子的志愿服务精神和社会责任感。

在未来，环境学子将继续发扬这种精神，为建设美丽中国贡献智慧与力量。

"绿行者"缘起：凝聚志愿的力量

赵璐，2004级给水排水工程本科生、2008级市政工程研究生，毕业后就职于中国船舶科学研究中心上海分部，现委派至中船（上海）节能技术有限公司担任董事会秘书、副总经理兼财务负责人。曾任同济大学兼职社区辅导员、院团学联志愿服务部部长、实践部干事、2004级给水排水本科班班长、2008级市政工程硕士班班长。在校期间曾获国家奖学金、校优秀学生奖学金一等奖、二等奖、胡家骏奖学金优秀奖、A类学业奖学金；并荣获上海市优秀毕业生、上海市大学生暑期社会实践先进个人、同济大学优秀学生、院优秀共产党员、优秀研究生干部等荣誉称号。

2005年，我在团学联实践部当干事，那时我大二，正是热情满满的年纪，很希望能够用自己的力量来为社会、为环保做出一份自己的贡献。当时实践部很大一部分工作便是组织和参与志愿者活动，当中的黄翔峰老师、安娜老师和崔莹老师都是学生领袖式的人物，我们一起构思策划，一起参与活动，一起开会，一起欢笑。毫不夸张地说，我们环境学院在志愿者活动的开展上一向走在全校前列。

2006年，"绿行者"志愿服务中队更是被确立为校级社团（学院管理），面向全校进行志愿者招新，志愿者人数突破了200人大关。在传承"慈善""历史之窗""热爱家园"和"Teaching Diary"等方面志愿活动的基础上，我们又开拓了上海市图书馆和杨浦区50多个社区等服务对象，更加注重突出学院特色，形成了以环保宣传为主线，覆盖义务支教、爱心助老、手语培训、社会公益慈善活动的志愿服务体制，赢得了校内外的大力支持与广泛好评。

值得一提的是，2006年，我们与杨浦区环保局共同主办、四平路街道与五角场街道协办组织"百名同济环保志愿者进社区"大型志愿活动，这场活动不仅有专题环保讲座、专题环保宣传，还有专业节能降耗实验小体验等，为普及环保知识贡献了我们的力量。

绿行向前，步履不停

朱宇峰，2005级环境工程本科生、2009级环境工程硕士研究生。现就职于上海市政工程设计研究总院（集团）有限公司。曾任环境科学和工程学院志愿服务部部长、干事。曾获同济大学志愿服务活动突出贡献个人、校庆优秀志愿者等荣誉，并带领志愿服务部和志愿服务中队获得2007年度同济大学志愿服务突出贡献组织、同济大学先进集体等荣誉。

"绿行者"志愿服务中队于2006年由环境学院团学联志愿服务部组织发起。创立之初期望以环境学院专业为特色，为学生志愿服务活动注入新的活力和风采，同时成立志愿服务中队也是为同济百年校庆提前召集志愿服务力量。

成立初期，我们与四平路街道进行共建，开展"科学商店"公益科普活动——进社区宣传绿色低碳生活科普知识与进校园进行净水科普展示。活动准备过程中，由于经验不足，"绿行者"的成员们也遇到了一些困难，如社区居民的不理解、净水科普装置制作失败、人员聚集后的不知所措等，但在志愿者们的热情和坚持下，这些困难被逐一化解，最终志愿服务活动在摸索过程中逐步成熟，也呈现了良好的效果。

除"科学商店"外，环保主题校园定向越野活动也是"绿行者"创立之初的一个重要活动，在四平校区内设置多个打卡点，以同济文化、环保知识等为索引，让参赛同学在校园内进行定向越野。"绿行者"的成员们在团学联的支持下自主策划筹办，历时两个月精心准备，为全校师生奉上了一场活泼新颖的文体活动。

前行的路上总会有困难，但也许，正好看见沿途的风景。"绿行者"们就是这样一群人，带着满载希望与热情的背包，播撒象征绿色与生命的种子。

"绿行"不辍——回望志愿服务那些年

刘林京，2013级环境科学本科生、2017级硕士研究生。现定向选调至中共云南省委老干部局工作，任云南省楚雄彝族自治州牟定县戌街乡铁厂村委会驻村工作队书记助理。曾任校学生党支部书记联合会主席，院第三学生党支部书记；院团学联（原学生会）主席，志愿服务部部长、干事；2013级环境科学本科班班长。曾获上海市优秀毕业生、上海市优秀志愿者、同济大学优秀学生干部标兵、优秀学生干部等荣誉。

担任志愿服务部干事期间，我主要负责图书馆志愿服务活动，定期召集5~7名志愿者到上海市图书馆和浦东图书馆，引导读者正确使用机器借还书籍，并协助图书馆工作人员整理书籍。工作时间为9：00—17：00，每次还要做岗前培训，因此每次召集"绿行者"在毛主席像前集合的时间都挺早的，尤其是去浦东图书馆时，大家一般早上7：00就要集合出发。

有一次，一个上海老太太过来就直接对着我用上海话问："侬晓得严歌苓的小说在哪里伐？"我一时很茫然，我也不是机器啊，这哪能直接问我？可正因为这件事，我才意识到社会上就是存在着这样一群不会使用电脑和智能机、需要人工帮助的老人，而我们的责任就是要帮助到他们。

当志愿者并不是一件轻松的事，参与室内空气质检活动时，我需要拎着重重的检测仪器坐地铁去住户家，有时候单程就要坐两个小时。有一次我在剪检测使用的玻璃管时，不小心把手划破了，当时就流了血。但我的第一反应是赶快找同伴要了张卫生纸把伤口包住，完全顾不上试管里的化学物质有没有副作用。只因为户主是一位母亲，她带着一个三四岁的小姑娘，如果让她看到我流血，会把孩子吓着。我想志愿服务除了需要一片爱心、一份责任感，更需要一点细心和耐心，需要那份将心比心、以心换心的真诚。

私以为志愿服务就是一种修行。我们召集的"绿行者"大多是第一次来，但也有很多"绿行者"一次又一次报名、一次又一次申请参加活动。长期参与志愿服务，还要能保持那股干劲，最重要的就是坚持。当看到服务对象的笑容时，心中的那种温暖就会推着你往前走。慢慢地，志愿服务就不再是一项任务，而成为一种习惯，希望大家能够保持志愿服务这个习惯，保持能够理解别人的共情力，以一种积极向上的状态去面对困难，一种包容沉稳的心态去认识社会。

凝聚志愿之力，共筑"绿行"家园

吴廷炜，2016级环境工程本科生，2020级环境工程专业硕士研究生。曾先后担任同济大学环境科学与工程学院学生会志愿服务部干事、部长、主席以及班级班长等多个职务。曾获国家奖学金，上海市优秀毕业生，同济大学优秀学生，同济大学优秀学生干部，优秀院学生会主席等荣誉。

"绿行者"作为校内最具影响力的志愿者团体之一，需要不断吸引更多的同济学子加入。因此，每年"绿行者"招新季也是对志愿服务部最大的考验。记得那时我们每天中午在各个场地摆摊宣传，对于刚刚进入大学的干事同学来说，其实需要很大的勇气。不过当时会有"老"志愿服务部的人下课后赶到现场帮忙，也有其他部门的同学前来应援，更有很多积极想要参与志愿活动的同学主动上前询问："我可以做志愿者吗？"这给了宣传同学许多鼓励和支持。"绿行者"招新季让整个志愿服务部上下更加团结也更具热情，伴随着"绿行者"一起成长、不断壮大。

在志愿服务部担任干事期间，我主要负责"绿济万家——室内空气质检"项目，这也是环境学院志愿服务部独具专业特色的一个项目。从项目实施流程来看，在前期，我们通过广泛宣传触达社区居民，让有需求的住户联系我们预约，我们再根据项目排期安排时间；然后，由志愿服务部的一位负责人，带上两位通过"绿行者"报名的志愿者，在周末到住户家做空气质检。在这个项目期间发生过很多难忘的故事，比如有的住户刚刚装修了老人房，或者是小孩的房间，住户会对室内空气质量非常在意，反复跟我们确认，这个结果到底怎么样，会不会有一些不好的影响，等等。因此，我们也会非常严肃认真地对待。此外，住户对我们志愿者也非常关心，经常提出留志愿者吃饭或是想要赠送一些礼物，我们虽婉谢了他们的好意，但这份心意依然让人感动。

我们检测用的仪器一直在更新换代，学院陆丽君老师、团委王宁老师、格日乐老师等对我们在开展宣传、联络住户、升级设备等方面都提供了莫大的支持。当时我们还将空气质检活动形成的脱敏数据供给暑期实践项目使用，为研究上海市居民室内空气质量提供了坚实的数据支撑，"绿济万家——室内空气质检"项目获得了全国青年志愿服务活动银奖。

除了"绿济万家"，还有像"绿色苗圃——小学科普宣讲"也很有意义。在宣讲过程中，各位志愿者都非常用心，牺牲了午休时间来准备课程、实施志愿服务，并且不断尝试创新，融入更多实践内容，小朋友们的积极回应让我们深切感受到这件事的意义。

在志愿服务部工作的两年，有很多有趣又温暖的故事，我们因为同样的目标聚在一起，也为了推动同一件事而尽心尽力。相信不论在未来的什么时候再次回想起这段经历，我都会怀念和感激，也带着这来之不易的同理心，去发现、拾起、完成更多有意义的事。

科普"志服"民众，绿行广阔天地

邓博苑，2018级给水排水科学与工程专业本科生，历任志愿服务部干事、部长、分管主席。曾任上海市青少年生态志愿服务队主席团成员、环境科学与工程学院学生会主席、党建团建联合会副主席、党支部副书记、团支部书记等职务，获上海市优秀毕业生、上海优秀科普志愿者提名奖、同济大学优秀学生干部标兵、同济大学年度优秀志愿者、同济大学一等奖学金等荣誉。

2018年，我有幸加入了志愿服务部。在这几年的时间里，我在志愿服务部的历练下不断成长，也有幸见证了志愿服务部的成长。已走过十余年的"绿行者"一步一个脚印，迈入了新时代。

"绿济万家——室内空气质检"和"绿色苗圃——小学科普宣讲"一直是志愿服务部"绿行者"不断传承的品牌项目。"绿济万家"项目致力于室内空气污染物的检测和科普，数十年如一日的持续服务，得到了很多住户的好评，但在志愿服务过程中，我们逐渐发现即使测出住户家中污染物超标，也无法在短时间内帮助住户清除污染。因此，我们在院团委的指导下结合专业知识更新了一套集收集、检测、清除于一体的新型仪器，将空气质检项目的服务内容和服务效果提升了一个档次，打通了居民放心呼吸的最后一公里。

"绿色苗圃——小学科普宣讲"项目一直以环保知识的科普为主题，每周为上百人次的小朋友授课，受到了合作学校的一致好评。近些年，随着"垃圾分类""生物多样性保护""碳达峰碳中和"等环保热点话题不断涌现，我们也在原有课程体系的基础上不断融入以上主题，将最前沿的科学知识和环保理念播种在小朋友心中。

志愿服务部近几年还根据学校、上海市的环保需求和中心任务不断优化、改革，服务文明校园、人民城市的建设。2020年，"绿行者"在学校学院的指导下，开启了以生态环保为主题的志愿服务新篇章——同济大学生态文明志愿服务队正式成立。服务队形成了"立足同济、扎根上海、服务长三角"的工作理念，确立了"一个中心-多维拓展"的工作结构，"一个中心"即服务于文明校园建设、生态文明思想宣传等中心工作，"多维拓展"即同步开展"空气质检""小学宣讲""海洋馆宣讲""图书馆义工"等多项品牌活动。

同年，服务队通过重点时段志愿服务引导，主题教育PPT、海报、推送等方式，为校园垃圾分类工作做出重要贡献。此外，志愿服务部还结合社会需求，新开拓服务于上海水质情况调查与科普的"水质检测"项目等。

2020年11月，服务队当选为市教委和团市委牵头成立的上海市青少年生态文明志愿服务总队主席团单位，我也有幸成为主席团的成员之一，现已组织参与了上海市62所高校在内的生态文明志愿服务活动的专题讨论，以及垃圾分类定向赛等生态文明志愿服务活动。近几年，服务队包揽同济大学年度优秀志愿服务组织、优秀志愿服务项目、优秀志愿服务个人等奖项，还获得了2021年度长三角优秀科技志愿服务组织的荣誉，努力以同济环境人的担当，践行立足同济、服务上海、辐射长三角的志愿服务目标，将弘扬生态文明和绿色环保的志愿服务理念谱写在祖国大地上。

绿行十余载，初心仍不改。同济大学生态文明志愿服务队的背后，是志愿服务部数十年如一日的热爱与坚守，是"绿行天下、有你有我"环保理念的创新与传承。迈入志愿服务部的新时代，"绿行者"也将继续心怀热爱，砥砺前行，在生态文明志愿服务领域做出同济环境人应有的贡献。

同舟领航梦想　牵手助飞希望
——记学院学业帮扶项目"同舟助飞"

"嘤鸣偕友，助学广识"学业帮扶项目，是我院学子在学校学院大力支持下共同促成的"同舟助飞"学业帮扶项目，项目旨在为存在学业困难的同学开展学业帮扶活动。前有二十八画生嘤鸣求友，敢步将伯之呼，今有我院学子嘤鸣偕友，助学广识。一百年间时代的主旋律在不断发展变化，而青年人对进步的渴求却从未改变。不奋微茫，造炬成阳，在学院"同舟助飞"学风建设与学业帮扶工作中涌现出的一批批朋辈导师们，他们既闪耀又暖心，更彰显了同济环境人同舟共济的底色。

助学"星火"　民族情深

王佳林，2021级市政工程系博士生，本科就读于同济大学环境科学与工程学院环境科学系，曾担任环境学院本科生党建团建联合会实践部负责人、本科生第三党支部宣传委员、"同舟助飞学业帮扶"倡议人、学院民族生工作接洽人等职务，积极以志愿服务群众，磨砺内心不畏难，科研实践出真知。

记得最初进入联合会是受到学院格日乐老师的邀请，让我接替魏馨鑫同学做一些民族生工作，主要负责帮助民族生同学解决大学生活中的疑难问题和民族生活动的举办。对于部分民族生同学来说，使用汉语不像母语那么熟悉，也会对上海的气候不适应或是对风俗习惯存在很多不理解，我本人作为一名蒙古族同学，更能体会民族生同学语言、生活环境等方面不适应的情况。

到联合会报到的第一天我因故迟到，大家不但没有计较，还热烈欢迎我这个刚刚加入的新人，在交流各自工作职责的同时收到大家的安慰和鼓励，让我迅速融入了这个温暖的大家庭，这也在我心底种下了一颗关怀的种子。我下定决心，要让以后受到帮助的每一位同学都感受到家一样的温暖，后面开展"同舟助飞"工作，我也始终秉持这个初心。

"星火虽小，温暖燎原"。活动最初，我们只有一个名字"同舟助飞"和一个主题"学业帮扶"，之前的工作组尝试过"八点半合约"的学业答疑讲座，反响很好，在这个线下活动雏形的基础上，策划书经过几个小伙伴的共同努力，在几周之内"问世"，定名为"嘤鸣偕友，助学广识"，这是环境学院同舟助飞学业帮扶系列活动，宗旨是个性化精准指导助学。

有了策划，接下来的难点就是"找人"。一是要确定学生群体里面需要帮助的对象，我们通过成绩排查确定了可能对象，然后逐班摸排、挨个走访，准确把握个人情况确定真正有学习困难和提升需求的小伙伴为帮扶对象，二是要寻访愿意帮助同学解惑的"小导师"，大家本身的学业和工作都很忙，还要抽出时间无偿帮助同学辅导，起初意愿并不是很积极，工作组成员们只好逐一动员学有余力的同学，受到"同舟助飞"的精神和使命感动的"小导师"们，最终与大一和大二年级各10位帮扶对象一起，组成了第一批"同舟助飞"的"先锋队联盟"。

令我印象比较深的是一位思维理解能力较强、但学习积极性不高的男同学，我们针对性地为他找到一位自律性较强且较为温和的学姐作为"小导师"，学姐每周与他共同进行3~5小时的自律自习，培养学习积极性，并为他讲解疑难作业，从根本上解决问题。经过大家共同的努力，在两个年级受到帮扶的学生中，70%的同学都有了成绩的提升。此外，还邀请当时高数成绩突出的大二的刘骁辉同学，为大一同学进行高数讲座，攻克重难点，共有41名同学参加，这也为后续的讲座活动打下了基础。

"同舟助飞"1.0版总体起到了不错的效果，但这个阶段还存在课程体系安排难度不同、帮扶对象学习积极性不高、沟通有效性不足等问题。在此基础上，我们开展了"同舟助飞"2.0版活动，由于这次活动遇上新冠疫情，有些同学处于居家状态，条件限制变大，开展阻力增强。为了保证学校"停课不停学"的政策方针得到落实，工作组同志克服学习硬件条件、学习能动性、学习知识能力等多重问题，重点帮助家处偏远地区的同学。

比如家住西藏的同学经常遇到大雪封山、压断电缆、网线的情况，面临缺课、无法完成作业等问题，这时就需要工作组将课件和作业要求一对一发给对接同学，在特殊时期提供学业保障。通过坚持不懈的联系，第二批共22位小伙伴和12位"小导师"参与。居家期间，为了让"停课不停学"真正成为现实，大家集思广益，如Forest种树、云自习室、线上会议室、小程序打卡等方法都取得了不错效果，95%以上的同学都有了成绩提升，克服了之前积极性不足、沟通不及时等问题。

隔离病毒不隔离爱，我们还举办了多期优秀学长学姐讲座，如崔子佩学姐的保研分享、曹金宇学姐的竞赛分享等，让人收获满满。"同舟助飞"2.0版的开展期间共举办16场活动，辐射学生474人次，10位老师参与指导，18位学长学姐参与辅导，受助学生中95%以上成绩提升，"摸着石头过河"摸出了门道。

"各民族要像石榴籽一样紧紧抱在一起"，习近平总书记的讲话精神被"同舟助飞"坚定奉行。民族生同学是帮扶对象的重要组成部分，也是最能感受爱的对象。在"同舟助飞"过程中，我们以"热爱+归属感"为理念搭建各族同学的沟通桥梁，让学业存在困难的同学都能获得帮助，感受到环境科学与工程学院大家庭强大的凝聚力。

同心共渡　筑梦不息

王艺，2018级环境工程系本科生，环境科学与工程学院本科生第二党支部副书记。曾任学院党建团建联合会实践部负责人、学院学生会主席团成员，曾获上海市"知行杯"大学生社会实践先进个人、同济大学优秀学生奖学金、肯特－杨钦环境教育优秀学生干部奖等荣誉，参与各类志愿服务时长近400小时。

2020年7月底，我成为一名中共预备党员，抱着继续为同学们服务的想法，我选择留在联合会接手实践部的工作，也是从我们这一届开始，"同舟助飞"正式成了项目组的名字。

我负责的第一项工作是完成"同舟助飞"第三期活动的立项。当时我对项目组工作的了解十分有限，更没有经验和信心，所以立刻去请教了我的前辈——王佳林学长。我还记得那天，在同心河边的桌子旁，我从他那"继承"了"同舟助飞"所有的文件和资料，他也事无巨细地向我讲解了以往活动、参与对象、工作内容以及很多注意事项。

当我问他，做这么多工作应该很辛苦吧？他说，只要把工作当成和吃饭、学习一样，每天都要做且应该做的事情，就不会觉得忙和累。文件大礼包和在这之后学长始终随时耐心的解答，在工作的一整年里都给予我很大的帮助，我也从他身上学到了与同学沟通时要始终保持尊重、温柔、体谅随和的态度。

除了工作的交接，我更觉得这是一种角色和情感的传递，对任务的尽心尽责、对同学的关切和陪伴、对自己所做工作的信念感，这些都让我感受到同舟助飞项目的温度和意义，也让我非常愿意投入进去，做出自己的贡献。

为了充分了解同学们的学习情况和帮扶需求，我协助学工办辅导员黄圣洁老师组织了学习委员交流会，在学习委员的统计调查以及大家详细、深入地讨论之后，我们认识到，有学业帮助需要的，不仅是成绩不理想的小部分同学，还有学习主动性很高但求助无人的大部分同学。所以从第三期开始，活动内容在最初一对一帮扶的基础上，增加了期中、期末季的集中复习讲座，邀请高年级同学帮大家理脉络、划重点、传经验。

在确认了"集中讲座+一对一辅导"的形式之后，初期我们在"小导师"招募上也遇到了困难。由于高年级本身学习压力比较重，跨年级帮扶也需要高年级同学花费时间重拾一年前的知识，报名"小导师"的人员数量赶不上需求。在这时，我们党支部里的学生党员们给予了很大的支持，大三的丁仁和陈韦帆最先做了第一场有机化学期中讲座的主讲人，他们利用周末和休息时间，提前一个星期进行复习和准备。在讲座一个半小时里，他们站在学习者的角度，为学弟学妹们讲解重难点，分享常考点和易错点，集中讲授之后进行自由交流答疑，形象易懂的分享和亲切自然的交流风格获得大家一致好评。此后两个学期期末季的系列讲座也在学习委员们的支持下进展得非常顺利。

"同舟助飞"项目能够顺利开展并取得成效，离不开每一位愿意参与、尽心准备的"小导师"，离不开每个班充分调研、尽职尽责的学习委员，也离不开每一位心怀感激、积极反馈的参与同学，我觉得这就是"同舟"二字的意义。

2021年3月，新学期开始，进入新的学习阶段，我们也发现了同学们新的学业帮扶需求：低年级部分同学面临着开学补考，高年级部分同学即将备战考研，所以在原来的基础上，我们又新增了两个专项活动，分别是"重/缓考短期辅导"和"考研助学专项"。距离开学还有3天时，我收到通知开始组织重/缓考短期辅导，一个星期内完成了人员招募、动员、匹配的工作，并组织匹配好的29个小组开展辅导，项目组包括我在内的3名同学共同负责后续跟进、统计和表彰。一个月很快过去，结果统计出来，这次活动的补考通过率同比提高了20%，其中进步最大的一位同学，在这次补考中通过了17个学分。另一边，考研专项也在研究生学长学姐的支持下有条不紊地进行着。

在短期辅导表彰和考研专项启动会上，我完整地梳理了"同舟助飞"

项目各个板块的工作和成果。我觉得我们的工作就是不断洞察同学需求，协调现有资源，建立互动平台，完善交流成效的过程。能够为同学解决学业上的实际困难，营造积极向上、互帮互助的优良学风和交流氛围，让乐于付出、愿意努力的大家朝着共同的目标前进，这是一件特别有成就感的事情，我很幸运能够参与进来。有幸同舟，更有幸见证了许许多多的成长和腾飞。

薪火续传　弦诵不断

黄天荣，2019级给水排水科学与工程系本科生，曾担任环境学院本科生党建团建联合会实践部负责人，2021—2022年期间负责"同舟助飞"系列学风建设和学业帮扶活动。曾获同济大学优秀学生奖学金、肯特－杨钦环境教育奖励金优秀学生奖等荣誉。

进入环境学院的大二上学期，我就留意到班级群里的通知，其中偶尔出现的"同舟助飞"这个项目引起了我的兴趣，例如期中期末学习委员转发关于复习指导讲座的通知，讲座上有学长学姐为我们梳理考点。那时我对这些活动既不关心也不参与，因为觉得学习只是个人的事情，不需要其他人干预。

大二下学期我正式成为入党积极分子，希望发挥先锋模范作用，利用课余时间为集体做些事，于是我申请加入了环境科学与工程学院本科生党建团建联合会这个大家庭。在担任实践部部员的时间里，王艺和王静莹两名学姐对我非常照顾，她们为"同舟助飞"项目的各种活动忙前忙后，从前期调研、招募人手、活动策划，到布置场地、主持汇报，再到活动总结、报销经费等，付出了很多心血。老师和同学们都很关注这个项目，我自己也从"同舟助飞"活动中得到了学长学姐分享的学习笔记，高效地完成了考试复习。

在这些过程中，我逐渐认识到学习虽是个人的事情，但每一位同学都是集体的一份子，学习上的互帮互助能够形成一股合力，使个人和集体都走得更远。受到朴素责任感的影响，我想要作为实践部的新一届部员，把这个项目继续办下去。

大三上学期，我接过了实践部部长这个职务，也接手了"同舟助飞"项目。在黄圣洁老师、周经洲老师和学长学姐们的帮助下很快熟悉了各项工作，并且吸取了王佳林学长、王艺学姐前两年的工作经验，对"同舟助飞"项目进行了一系列创新和改革。

首先我们在学期初发放问卷，收集同学们存在的学习困难、希望得到何种形式的帮助、参与学业帮扶的意愿，以及对以往"同舟助飞"活动的反馈意见。通过认真分析问卷结果，找到同学们的核心需求和内在动力，针对性地改革了一对一学业辅导板块，在学期初先招募一批朋辈"小导师"，作为学业辅导的骨干力量；在期末复习指导讲座之前增设学科导学案征集活动，双管齐下为同学们解决学科疑难；定期开展班级学风建设交流会，各班互相借鉴、完善学风建设方案。

起初我在举办活动时常常犯难，一方面，担心没有同学主动报名活动请求学业上的帮扶；另一方面，又担心需求的同学太多而招募不到足够的朋辈"小导师"。但让我非常高兴的是，许多同学期待着从我们的活动中得到学业上的帮助，学有余力的同学也大都答应我的请求，抽出自己的时间，为有需要的同学整理学科笔记、答疑解惑、开办讲座。作为朋辈"小导师"，我也辅导了一位学弟，我们一起通过习题册和PPT梳理了测量学、分析化学等科目的考点，我给他的英语演讲提出了主题和内容上的建议，教他用英语简单说明饮用水处理的过程，并且进行了演讲的预演。最后他的成绩有所提高，并且对我的复习指导做出了很高的评价。在这个过程中，我不仅收获了友谊，也体会到了作为"小导师"的成就感。

大三下学期同学们的学习受到了新冠疫情的影响，大家只能在宿舍上网课，与老师缺少面对面的交流，经常因做核酸或者隔离转运不得不中断上课，同时还面临着身心困扰。对此我们"同舟助飞"项目积极配合新冠疫情防控举措的同时，深入了解同学们的困难，与各班学委讨论出一系列切实可行的线上学习互助方法，例如在同济环境党支部"微share"公众号上新增"心声引航"栏目，让优秀同学分享克服困难的心路历程，帮助陷入迷茫的同学调整心态；在网盘和QQ群共享学习资料，解决封控期间买不到书的问题；设立线上自习室互相监督，解决在宿舍里容易分心、学习效率低的问题；根据目标划分学习小组，让志同道合的同学携手共进；利用培养专注习惯的App打卡，使同学们养成自律的习惯等。

听到大二学弟学妹们对活动的积极反馈，看到大三同学关注和支持考研帮扶的活动，看到同学们未通过的科目经过辅导后顺利通过补考，这些都让我感受到自己这一年的工作很有意义。同时我也很高兴看到大家指出"同舟助飞"项目活动的不足,因为大家最真实的反馈能够让我们不断优化活动设计,让"同舟助飞"成为环境学院一个有口皆碑的"品牌"。

我觉得"同舟助飞"传承的是环境学子友爱互助和积极上进的精神,希望这个活动能够继续办下去,帮助到一届又一届环境学子,让遇到困难的同学能感受到集体的关怀,同时给热心的同学提供发挥光和热的平台,朋辈之间互相搭把手认真度过大学的学习生活。

"薪火续传,弦诵不断",这就是我心中"同舟助飞"项目的初心与宗旨。

汇聚热爱,点亮星辰,"同舟助飞"工作的顺利开展,离不开党建团建联合会大家庭里所有人的付出,也离不开环境科学与工程学院大家庭的平台,愿"同舟助飞"的共济精神得以延续和传递!

忠诚奏国乐 颂歌献祖国

季文杰，男，中共党员，同济大学环境科学与工程学院2017级本科生，2018年9月—2020年9月服役于中国人民武装警察部队广东省总队。在部队成为国庆70周年中国人民解放军联合军乐团标兵，并荣立个人三等功一次，"四有优秀士兵"称号并记嘉奖一次。在校期间入选2020年度同济大学优秀大学生报告团，曾获同济大学一等奖学金、京川艺术奖学金，2020—2021学年同济大学优秀学生、优秀学生干部等荣誉。

成为军人，是我心中最崇高的信仰。这并非仅仅是一份职责，更是一种使命，一种热血沸腾的执着。在火热的军营里，我不再是一个人，而是融入了一个强大的集体，和战友们肩并肩，共同肆意挥洒汗水，共同扛起责任和使命。在这片土地上接受着严格的训练，磨炼意志、砥砺意志，培养出坚韧不拔、勇往直前的品质。参军报国的过程是充满挑战的，但正是这些挑战锻造了我，让我逐渐变得坚定果断、沉稳从容；参军报国是一份承诺，是对国家的铮铮誓言；参军报国，是我一生中最光荣的选择。

响应时代召唤 实现人生梦想

2017年是同济大学建校110周年，在这个具有里程碑意义的一年，我有幸成为了一名同济环境人。结束了大一的学业之后，偶然看到学校电子大屏上宣传着火热的军营生活，从小扎根的军营梦又一次在内心熊熊燃烧。在老师的鼓励下，我毅然报名参军入伍，初检、政审、复检，视力能否达标、学业是否会受到影响、复检能否通过……这些问题曾一度困扰着我，幸运的是历经半年的严格筛选，一份"沉甸甸"的入伍通知书终于来到了我的手上。出生军人家庭的我，从小到大耳濡目染长辈们的传奇故事，或许就是这份骨子里对于保家卫国的渴望，更加坚定了我做出跳出舒适圈的决定，努力跟他们一样镇守一方。坐上大巴的那一刻，父母不舍的目光、好友的挥手作别、师长的殷切嘱托，让我的视线有些模糊，说不出是离别的酸涩多一些还是为自己的勇敢骄傲多一些。此时再回想，脆弱难舍又意气风发，这大概就是少年人的成长吧！

刚入军营的第一步——新兵连，我走得并不顺利。高强度的训练、严格的纪律约束，让初入军营的我面临着身体和心理的双重适应考验。还记得那时被子叠不好就每天中午在战友们休息的时候悄悄在走廊地板上练习，不知不觉中汗水打湿了被子；单杠拉不上，就背包绳辅助、抓沙，练到手臂充血酸胀，没法握稳筷子；武装越野，厚重的装具压得喘不上气来，为了跟上老兵，周末利用休息时间负重进行强化。一次又一次极限的考验，让我感到迷茫与彷徨，脑海中也曾产生过无数个放弃的念头……役前集训时，退伍学长齐兴奇的话再次在我的耳边回荡："利剑锋从磨砺出，再难再苦也要坚持下去。"这是来自昔日特战队员的深切感悟，也成了我那段时光前行道路上的精神信仰，并最终破茧成蝶。

从基层一员　到阅兵标兵

当我得知庆祝中华人民共和国成立70周年阅兵式将在基层连队遴选军乐手，有乐器演奏基础的我按捺不住内心的激动积极报名。军乐团的选拔是严谨而残酷的，训练、考核、淘汰，一轮轮重复，直至优中选精。从集训开始，我就全心钻研下发的每份新谱，在40多度的炎热天气里，每天扛着十多公斤重的大号，一扛就是3个多小时，肩膀也出现了红肿与老茧，努力做到站4小时不倒、吹4小时不错、练4小时不累、奏4小时不乱的状态。

历经三个月的集训和选拔，2019年5月26日，已经成为广东武警军乐代表队一员的我，又一次坐上了前往北京的列车……

整整127天，从以武警军乐代表队业余大号手第一名的成绩入选联合军乐团，到国家大剧院"八一"建军节晚会演出，再到正式成为联合军乐团的演奏员站在天安门广场，已经记不清有多少次训练后，腰和腿无法舒展，唯有坚定的意志激励着我向"世界一流，历史最好"的目标不断前行。

2019年10月1日，对我而言，是入伍两年最深刻的回忆，也是青春中最伟大的荣光。

凌晨4：30，50余辆大巴载着我和战友们前往长安街。

早上7：30，作为第一支接受检阅的队伍，中国人民解放军联合军乐团1300名演奏员在天安门广场列队完毕。

早上8：50，团长发出第一个手势，军乐团全部演奏员整齐划一地将乐器调至演奏位。停顿数秒，团长发出第二个手势，我开始试音，演奏出《义勇军进行曲》的第一个音符。

早上10:00，总理宣布：庆祝中华人民共和国成立70周年大会，现在开始。礼炮响起，这是开始演奏的倒计时，70，69，68……每一个人都在心中默数着。

早上10:05，"升国旗，奏国歌！"我们奏响《义勇军进行曲》。我是我们队伍里离旗杆最近的人，但这是我第一次在升国旗时没有行注目礼。因为我和战友们时刻紧盯团长指挥的双手，每一个音符精确到每分钟96拍，每一刻都保持最佳的气息状态，确保每个音色极致浑厚。46秒，必须分毫不差。虽然无法瞻仰国旗，但每一拍国旗上升的高度，我了如指掌。军乐方阵在激荡如潮的演奏声中奏响着军人对祖国最庄严的承诺，用每个音符诠释了忠诚、责任和荣耀，也诠释了对新中国成立70周年的美好祝福。

习近平总书记阅兵的起点，正是在我的正前方，当红旗车缓缓启动，经过我面前时："同志们好，同志们辛苦了！""首长好，为人民服务！"想到这儿，我把乐器攥得更紧了，胸膛更加挺拔，此时此刻的我，因为感动、自豪，视线开始变得有些模糊，额头的汗水不住地往下淌。

中国人民解放军联合军乐团有1 300名军乐演奏员，根据乐器种类排成13×100的方阵。特别巧合的是，我的位置是12排面39号。1239号，这个特殊的字符，让我与同济在庆祝新中国成立70周年大阅兵中彼此相连。

重返昔日校园　开启崭新篇章

返回校园之后，我在学业和生活中遇到很多困难，又赶上新冠疫情，那段时光因良师益友的陪伴，让我感到弥足珍贵。两年中断学业，回到课堂的我，确实有很多的不适应。还记得当时有机化学这门课课程难度大，反应机理较难理解，针对这个问题鹿伟青老师结合支部特色活动安排了"同舟助飞"学业帮扶，于是我与"学霸"们有了更多的互动与交流，最终取得了不错的成绩；从三点一线的军营生活到丰富多彩的校园生活，老师们积极鼓励我参与各项活动，适应学校的节奏。学院还组织了座谈会，在陆丽君书记的关心和牵头下，让我们退伍大学生这个群体能够互相分享经验，团队凝聚力进一步增强，并在年末对大家进行慰问，让我们感受到了像家一般的温暖。老师们和同学们的共同支持为退伍大学生的返校第一步保驾护航。格日乐老师鼓励我在科研领域进行尝试，学院提供了参与挑战杯等学科竞赛的平台，让我在兼顾学业的同时，能够接触学术前沿并在相关领域发表了自己的研究成果。学习之余，我还积极参与了各类学生活动和社会志愿服务，延续着我对乐器的热爱，并代表学校交响乐团参加了"新年音乐会""建党百年主题音乐会"等一系列盛会。身为志愿者，我积极参与了"第七次全国人口普查"工作，为国家大计贡献自己的微薄之力。在与退伍军人许一帆学长和李枭学长的沟通中，我对中国共产党有了更深刻的了解，同时也明白了作为退伍大学生"退伍不褪色"不仅仅是一句口号，需要持续奉献、发光发热。在2021年中国共产党建党百年之际，我有幸光荣地加入了这个伟大的组织，也在第四届中国国际进口博览会期间担任临时团支部书记，日均步数超过20 000步，总服务时长将近110小时，为活动的顺利举行尽心尽力。这些丰富多彩的经历都离不开学院对于我们这个"特殊集体"的重视。

无论是在部队还是在学校，我始终牢记着"心系祖国千山万水，志在乾坤风清月明"的院训。2017—2023年，是我在同济学习成长的珍贵时光，犹如一幅壮丽的画卷，记录了我坚持不懈追求知识的脚步，也见证了我不断锤炼意志，挑战自我的历程。能够获得这些蜕变，不仅是我自身的努力，身边老师同学以及战友们的支持与鼓励也尤为重要。在未来攻读博士学位的道路上，我愿意以更加饱满的热情和勇气"再谱新曲，再奏强音"。愿每一步的前行，都能成为时代前进的一部分，让我们共同书写出更加辉煌灿烂的明天！

一段学风的传承　一份精神的传递

方超，环境科学与工程学院2020级博士生，主要从事消毒与消毒副产物研究。同济攻读硕博期间，围绕消毒副产物的分析和控制开展研究，发表SCI一区论文共21篇，累计影响因子大于200，论文被引大于200次，4篇论文被选为期刊封面，其中以第一作者（或导师一作，本人二作）在 Water Research，Environmental Science & Technology 等环境领域TOP期刊发表论文7篇；申请发明专利4项，其中已授权国际发明专利1项，中国发明专利2项，专利技术应用于上海市供水系统的日常监测；参与编制水质标准1部，将3种新型消毒副产物纳入上海水质团体标准，标准应用于上海18家水厂；多次在国际、国内学术会议上进行汇报和展示。曾获研究生国家奖学金、紫金全兴优秀学子奖、钱易环境奖、顾国维环境教育奖学金、同济大学学术先锋、同济大学优秀学生等荣誉。

总结在同济环境学院的岁月，我首先会想到的词是"传承"。环境学院有着悠久的治学历史和深厚的文化底蕴，一代代同济环境人将学科研究不断深入，面向国家需求，守护绿水青山。我所在的实验室便是学院历史的缩影。曾一起做实验的同窗，如今已成为活跃在科研一线的专家学者，至今实验室的墙上还贴着他们学生时期精美的英文海报，我也被他们追求卓越、刻苦钻研的精神所熏陶。在开展研究的过程中，我获得了来自师长们的教导与支持，传承了课题组引领前沿的科研技能，而我也愿将自身所学以及个人体悟与学弟学妹们分享。

一封帖子的"传承"　让我来到了同济

我是通过考研来到同济的，师从楚文海教授。如果说重庆大学的本科学习为我打下了扎实的学科基础，同济则为我打开了学术研究的大门。

同济大学市政工程专业的考研竞争不仅异常激烈，且能够参考的资料也很少。在网上找资料的时候，我看到了一个帖子非常详细地分享了自己的成功经验，不管是学习方法还是考点剖析，都给了我很大的帮助。这篇帖子是当时众多市政工程考生的重要指南，甚至很多人考上后不忘恩情，回访贴吧并留言表达真挚的感谢。后来我考进同济，加入楚老师课题组后才得知，当时那份"考研神帖"的作者竟然就是我的大师兄丁顺克，我顿时对他充满了敬意。同时也十分感慨，正是这冥冥之中的缘分让我来到了这里。

因深知考研的艰辛，入学后我倍加珍惜在这里的学习机会。我尽可能广泛地涉猎，享受着新知识给我的新鲜感，遇到感兴趣的内容也总想钻研一番。没课的时候我常常跑去实验室观摩学习师兄师姐的实验，随身带好笔记本记下新内容。最开始几乎什么都不懂，一直在向师兄师姐们请教，他们也始终耐心，对我倾囊相授。

慢慢地，我也开始着手自己的实验。摆在眼前的问题，我会毫不犹豫动手去解决；当下解决不了的，我就无时无刻不想着，直到解决为止。就这样，我逐渐也能跟师兄师姐们进行一些学术上的讨论。住在彰武校区的时候，丁师兄毕业前常来我宿舍品酒聊天，讨论实验思路，每当聊开了，灵感就像泉水源源不断涌出，谈论到精彩的地方常常忘了时间，不知不觉就到了凌晨三四点。我们相互激发科研的热情，也被彼此启发。

虽然这样的生活作息不健康不可取，但回过头来看，我的科研思维和思辨能力确实是在和师兄的激烈讨论中得到锻炼的。我在这些难忘的学习生活经历之中，对科研产生了极为浓厚的兴趣。

"放养式"的信任　是创新精神的土壤

我不是一个喜欢"循规蹈矩"的人，来到同济以后，我十分喜欢楚老师对我粗放式的培养模式，阶段性的汇报与指导对我个人而言特别有效，在尊重基本原则的前提下，没有太多条条框框的束缚，反而给我更多创造的空间。

尤其感激楚老师对我个人想法的尊重。当时博士论文选题的时候，他本想说服我做他的课题，但其主题和我原本的研究方向截然不同，令我困惑不已。于是我直截了当地向他提出了我的想法，并详述了筹划已久的研究思路。也许课题的开创性打动了他，抑或是我的坚持和执着让他于心不忍，最终还是尊重了我的决定。楚老师说："我这是因材施教，去做吧，我会支持你的，期待你的成果。"

科研是一个持续积累的过程，掌握了基本的研究方法后，我决心要将论文的每一处都做到自己认为的极致。为追求更先进的仪器分析方法，我愿意花大量时间在实验室摸索钻研；为获得更加充实完整的实验数据，实验期间披星戴月成了常态；为追求足够精美的配图制作，我积极地和同门交流进行改进，反复修改多稿；为了使讨论足够充分且具有批判性，即使只是一处知识点我也愿意仔细思考精进。

最终，付出的努力取得了回报，其中一篇关于流域尺度下长江饮用水消毒副产物的论文获得了多位审稿人的赞许，最终被发表在了环境领域权威期刊 *Environmental Science & Technology*，且论文配图被选为期刊封面。

在进行这项研究的过程中，主要面对的有两个难点。首先是一些分析技术以及数据处理的方法，我自己和课题组之前都没怎么用过，文献里也没看到直接可用的参照，所以我需要搜集很多相关资料，理解其基本原理并有机整合。例如，我偶然在一篇文章里看到了红外光谱多峰拟合的方法，我把它用于凝胶色谱的数据处理，对不同分子量区间的物质进行半定量分析，再结合统计学工具，最终以一种较为新颖的方式实现了对消毒副产物前体物的综合表征。创新的过程实际上也需要这种目标感，清晰自己要解决的问题是什么，然后对眼前的信息保持敏锐。

其次，这个研究采用的水样比较复杂（涵盖长江上、中、下游），实验结果多样，所以研究和讨论起来有一定困难。最后我思考了许久，找出了其中的统一规律，也把那些不寻常的规律进行了充分验证和解释。

虽然科研灵感产生的过程非常有趣，但实验的实际开展过程往往枯燥且充满压力。为了填补枯燥的生活，我在宿舍种了绣球、月季和一些天南星科植物。在缓解压力的同时也领悟到把根系养好、把基础打牢是厚积薄发的关键。另外我也参加葡萄酒品鉴大师班、咖啡文化节等校内外丰富多彩的活动。回过头看，接触各种各样知识似乎也让我保持了思维的活跃。

关乎民生之大事　愿以岁月报山河

很多人经常会问我，为什么选择这个专业，为什么要一直在这方面做研究，其实主要是因为饮用水安全是关乎民生的大事。然而，在水厂消毒所产生的数千种具有潜在毒性风险的卤代消毒副产物中，具有关键致毒作用的消毒副产物到底有哪些，又该如何控制，诸如此类的问题一直没有得到解决。于是我把大部分的精力都聚焦于此，也取得了一点阶段性的进展。

环境学院见证着我的收获与成长。基于硕博期间的科研成果，我获得了同济大学"学术先锋"、钱易环境奖、紫金全兴优秀学子奖、国家奖学金等多项荣誉和奖励。备受鼓励的同时，我的科研心态也在发生转变。曾经有一段时间，我也会追求论文的数量，要发多少论文，要评多少个奖，但现在更关注的是我能够解决什么问题，把这个研究做出来，是不是对同行有更高的启示，对研究领域会不会有更大的推动作用。

竞争是客观存在的，但是科研本身不应该是一场竞赛。另外，我也逐渐明白做研究不能孤芳自赏，不仅要得到同行的认可，更是要将研究着眼于实际应用，以通俗的语言将生涩难懂的科研问题展现给更多的人。现在我反而愿意去做一些准备时间周期长但创新性高的研究，把研究的节奏适当放缓，不刻意追求效率，全心全意沉浸其中并享受科学研究的快乐。

在坚持"四个面向"加快建设科技强国、推进绿色循环生态文明建设的时代背景下，同济大学环境人的历史角色空前重要。作为环境学院学子，我将继续埋头奋进，传承和发扬乐于探索、实事求是的科研精神；勇于担当同济环境人的历史使命，立志攻关环境领域关键难题；注重原始创新，开展更多的原创性高质量研究，通过实际行动，将创新研究从纸面应用到实践。正值青春，我要为我国水处理事业尽自己的一份绵薄之力。

以青春之我 与环境同行

俞超杰，中共党员，环境科学专业2022级春博生，研究方向是可回收物资源化利用过程研究。现担任环境科学与工程学院研究生第四党支部书记、校团委组织部青马工程组组长。曾获同济大学社会活动奖学金、优秀学生干部以及优秀党务工作者等荣誉。

环境学院是我的第二个"家"。在这里，我能够体悟前辈榜样的思维和理念，寻求科研创新之道；在这里，我有机会通过高水平平台做好学生党建工作，真正把引领先进、团结同学的理念落到实处；在这里，我可以肆意张扬青春风采，表达自己的所思所想。于我而言，在环境学院的学习、工作和生活，使我的身心得到了成长，视野得到了扩展，能力和境界得到了提高，环境学院教会我做人、做事、做学问的道理，这些都使我受益匪浅。作为一名新时代同济环境人，能在环境学院七十余载的风华中，写下自己的青春故事，我倍感骄傲。

初识同济环境 青春誓言由此开篇

2020年9月，我满怀憧憬投入了同济大学环境科学与工程学院的怀抱，成为一名同济环境人并深感荣幸，从北京到上海跨越一千两百多公里，标定了一名环境人的品格追求，自我价值的启迪在"同舟共济"的精神凝练中得以继续。

初与学院结缘，是在保研面试之时。第一次站在明净楼前的记忆深刻而真切，我驻足良久，仔细品读这"明""净"二字，多么简单又坚定的字眼组合，蕴含着同济环境人对绿水青山、天朗气清的最朴素追求，也是从那一刻起，这种追求和使命感化为一颗种子，悄然地在我心中扎下了根。

我大部分的学习时间是在明净楼度过的。漫步学院，院史展览穿插设置在楼内各处，随处可见的是环境学院波澜壮阔的发展历史，是投身环境保护的先驱事迹，是坚持把论文写在祖国大地上的奋斗精神。在明净楼的学习工作中，我无时无刻不感受着"她"情真意切的感召，这里就是自己的家，我的青春也得以在此肆意挥洒。

投身学生党建　自觉践行初心使命

"初心凝成使命，使命承载初心。"我作为一名已经有四年党龄的青年党员，要做到听党话跟党走，坚定不移地做党的初心和使命的拥护者和忠实践行者。

入学伊始，我便当选了研究生第四党支部书记。初次接触学生党建工作时，我便深切地认识到自身理论基础不够扎实，思考问题与解决问题的经验尚不够成熟。幸得陆丽君和黄圣洁两名老师的指导，在她们的带领下，我一步步地开拓视野，不断积累理论素养，也学会了抓住主要矛盾，做前瞻性的思考、全局性的谋划和整体性的推进，办起学生党支部活动也更加得心应手。我从中感受到学生党支部是党密切联系学生的桥梁和纽带，而作为学生党支部书记，更应该发挥团结引领作用，形成磁场效应。

在推动理论学习运用方面，我带头策划申请了"理论学习入脑入心，学以致用求真务实"对标争先活动，并获评校级重点项目。建立起复习机制，将"微党课"与习题配套对应，有针对性地帮助学习者把握微视频的内容重点，累计参与复习人数超800人次；打造了"一分钟学金句"活动，结合环境专业特色与学生关注热点，辅以音频、视频等多媒体形式，共推出10期合辑并在持续更新，把理论学习融入日常生活；开展了环境学院首届学生党支部书记讲党课比赛，范围甚至涵盖了学院所有硕士党支部，让支部书记声音"讲得响""传得开"。

在工作中，我注重实践，带领支部积极响应"我为师生办实事"系列活动，在学院图书馆建立起"爱心公益笔"角落，通过自愿捐赠以及循环收集图书馆中遗落的笔，帮助读者解决临时急需用笔的问题。至今，角落的服务天数已超400天，同学们在留言簿中写下分享留言百余条，这不仅为读者提供贴心服务，解决燃眉之急，更创造了交流互动空间，塑造良好的学习氛围。

同时，我也积极传递着环境声音。在"进博先锋·党员行动"主题党日活动中，我为广大师生梳理了历届进博会传递的环保态度。从环境专业角度出发，解读进博会中一直致力构建的中外环保交流理念，号召同学们共同关注进博会的环保热点，真正做到学以致用。

通过学院基层党建工作，我极大地提升了自身的综合素养，锻炼了党务工作能力。另外，我也担任了校团委组织部青马工程组组长一职，参与策划举办了两届同济大学青年马克思主义者培养工程，并坚持创新党建带动团建的工作理念，在校级平台上做到有一分热，发一分光。

扎根环境专业　力学笃行精进不休

"终日乾乾，与时偕行。"作为学生党员，学习始终是首要任务。在完成学生工作的同时，更要注重打好学术根基，在科研实践中进一步发挥党员的先锋模范作用。我时刻牢记导师李光明教授的教诲，以一名环境学子的身份潜下心来搞研究、做学问，扎根环境，报效祖国。

我自幼便沉醉于家乡的山清水秀，那绿水青山如同大自然的诗篇，在我心中悄然铺开；初高中时期，我更是将这份对自然的热爱转化为实际行动，热衷于参与校园垃圾分类实践和各类环保宣传活动。这些经历为我日后选择环境道路铺就了坚实的基石。目前，随着全国垃圾分类进入新时期，我对生活垃圾中的可回收物资源化产生了浓厚的兴趣。十分幸运的是，这与课题组的研究方向之一高度相关，我的许多想法受到了导师的鼓励与支持。入学以来，我参与了课题组在可回收物资源化方面的多项研究工作，包括由上海市人大牵头的"长三角地区生活源可回收物资源化利用联动机制研究"，以及与上海环境院合作开展的"垃圾分类背景下上海低值可回收物的处理处置可行性方案研究"等课题，前往长三角多地调研考察，获取了大量一手数据并进行整理分析，提出了老港基地新建回收项目的建设方案，为助力上海市生活垃圾分类以及可回收物高效回收及资源化提供了研究依据。已在《上海节能》期刊上发表了一篇论文，另外有多篇英文论文也正在投稿评审当中。

现今我已通过了硕博连读的申请考核，转变为一名博士生并继续在环境领域探知求进。人们常说，做科研是需要一定情怀的，于我而言，"绿水青山就是金山银山"便是我为环境事业贡献力量的坚定信念。十分荣幸能够在环境学院追求自己的学术理想，我也将努力成为一名优秀的同济环境人。

忆往昔峥嵘岁月，何其匆匆。望未来岁月峥嵘，何其漫漫。环境学院见证着我的成长与收获，我也笃定地将青春力量汇聚到学院的发展当中。

上下求索　坚定前行

王晨，中共党员，同济大学环境科学与工程学院环境工程系2016级本科生，2020级硕士研究生。曾担任2016级环境工程团支部书记，2020级环境工程硕士第一团支部书记，环境科学与工程学院星火宣讲团负责人等职务。曾获国家励志奖学金、同济大学优秀学生、优秀学生干部、优秀团支书等荣誉。

2016年，怀揣对同济的憧憬走进了四平路1239号，走入了明净楼，同济给了我"开眼看世界"的机会，培养我"心怀理想，同济天下"的家国情怀，以"严谨求实，团结创新"塑造我的性格和价值观。环境学院记录着我学习、科研和思考的点点滴滴，在这里，我见识到了人生更多的可能性，这不断驱动着我去认识自己，探索世界，追求卓越。

与院庆的缘分

提起院庆，思绪一下就回到初入同济的第一个学年，那时就知道院庆有个传统——环境之声（以下简称"环声"）晚会，是独属于我们环境人的盛会。2017年的夏天，文艺部的小伙伴召集了一些同学在环声的舞台上表演武术。那是个声势浩大的表演，舞旗、舞棍、舞刀还有水袖舞蹈。一群零基础的"小白"在自幼学武的张晓镇同学的指导下，开始一招一式慢慢地学，一遍一遍地排练。土木楼地库、"一·二九"礼堂的木地板、明净楼一楼大厅可怜的瓷砖，被我们的点棍和摔棍敲得震天作响，敲得环境学院所有老师同学都知道，有一群"噪声制造机"。

所以我们总是晚上排练。漆黑的仲夏夜晚，一群少男少女挥舞着长棍和长旗走在路上，引得路人纷纷侧目。犹记上台那天，一两个月的练习总算是有模有样了，虽然正式表演时还是有人甩飞了棍，但也无伤大雅了。回想起那段手上磨出水泡，和保安大叔斗智斗勇，为了排练被迫游击的日子，肆意张扬，仍心潮澎湃。整台晚会展现的是我们同济环境人的过去、现在和将来，那时的我站在台上还未意识到，这便是同济环境人归属感的由来和开端。

有爱的工班集体

2016年刚进同济时，抱着为大家服务的心态竞选上了团支书，没想到这一当就是四年，从原来的三班到后面的工班，都有幸得到大家的支持。关于团支部工作，可能更多的人觉得事不关己，或是一件可有可无的事，但于我而言是第一件要用心做好的事。在低年级还没普遍入党的时候，班级和团支部的界限一直比较模糊，这也有一个好处就是集体凝聚力比较强，很多工作没有那么割裂，那时我意识到自己不能只做一个上传下达的传声筒。

到了毕业时刻回看本科阶段，我们工班还是一个很友爱的集体，前几天翻起毕业时制作的纪念册，一张张热情洋溢的笑脸诉说着我们的情感连结。记得有一年评五四红旗团支部和优良学风班，学校的其他支部都是支书或者班长一个人上去讲成果放照片，我们支部浩浩荡荡十多号人在评选现场表演了一出默剧，重现我们期末学习小组，课外实践，文体活动等场景，把评委老师们全逗笑了，最终我们竟然成了"双标兵班"，还在南大道挂出了展板，我想这就是所谓集体荣誉感和凝聚力。

我们可不是不学习，随着年级升上来，课程不再局限于三尺讲台，广度和难度也逐步走进"深水区"。在酷暑时节的测量实习，花露水和蚊子相伴；在污水和管网的课程设计上，发光板和丁字尺飞舞；在固废课下，我们戴上手套进行垃圾分类；认知实习足迹又远到佛罗伦萨……"与善人居，如入芝兰之室"，多少个挑灯学习的夜晚，是这样一个有爱的集体一直在潜移默化中积极地影响着我。

"星火"的故事

本科毕业时，我自觉所学所思还仅仅是皮毛，因而选择保研留在同济，继续追求学术理想。研究生开学之时，正值"星火"宣讲团刚刚成立，并第一次招募讲师。"星火"是一支讲"四史"的理论宣讲队伍，那时我刚刚成为预备党员，想着应该多为支部做贡献，于是便决定参加试讲。幸运的是，讲得不错，拿到了特制的聘书与团服。

第一次出外勤，是给位于上海市普陀区的同济医院宣讲，讲的是改革开放史中的浦东开发开放三十年。我穿着蓝色的星火卫衣到医院的会议室，发现同济医院团支部在搞团日活动。站上讲台，抬眼一扫，数十个穿着白大褂的医生同志盯着我，平时去医院看病跟医生面对面都紧张得不得了，我一下子就结巴了，也不记得当时是怎么硬着头皮讲完的。活动总结时医院的花书记还鼓励了我几句，合影时她拉着我站到最中间，就有了"万白丛中一点蓝"的照片，也算是一件趣事。从那以后，有安排我宣讲的机会都尽量抽出时间去，不为别的，就是锻炼在公众情况下的表达能力，培养不怯场、不怕生的勇气。

后来，原先的团长陈莉升到三年级，把宣讲团交给了我，我也开始思考党建宣传的意义，为了让在原先演讲的基础上更进一步，让讲的东西更被人们所信服。让别人听明白，首先你自己得明白，也就是我们说"真信，真懂，真干"。很多时候我们内心不喜机械性、套路性的宣传工作，因为宣传的人也把这当作是一种任务而非理想信念。

待我接手宣讲团后，通过很多机会，也和学校里的其他宣讲团（如时代声音传播社，马克思主义学院的"理论+"宣讲团等）牵上了线，认识了其他学院做宣讲工作的"同行们"，通过和他们交流，我的思路变得更加开阔，同时，我也被他们细致打磨课件、严谨对待内容的态度深深触动。2022年，我加入学校梳理百年青年运动史的队伍中，在校团委牵头下打磨了一门新课件，讲同济环境人服务国家大局的小故事，如苏州河治理、世博科技等，贴合我们"星火"的口号——"讲好中国故事，传播中国声音"。

"星火"有很多我学习的榜样，我们的指导老师黄圣洁亲和力和执行力都很强，在纷繁的事务中也能理清头绪，做值得做的事。我们的第一任负责人陈莉，科研学工两手抓，细致耐心；倚臣，虽说是本科生，但是想法、能力和执行都让人印象极深，他跨考马克思学院的研究生想必也有"星火"的影响，他能够明白自己的想法并且勇敢跨出这极难的一步，值得敬佩。还有许多的伙伴们，从第一次宣讲时的青涩小结巴慢慢蜕变为不怯场、有底气、懂践行的青年讲师，这是在宣讲过程对自己所述内容有了更深刻的理解，并汲取到榜样的力量。一个人的力量终究是有限的，但若是自己的信念能影响到一批人，影响一批青年，便是星星之火，可以燎原。

纸短情长，和环境学院一同走过的这些年，岁月匆匆，我想我会牢记在同济环境学院求学的这段日子，在这里我看到了更大的世界，感恩同济，感恩学院，感念师恩。已识乾坤大，犹怜草木青。未来我也会时刻把家国情怀放在心底，践行同济人的担当使命。

胸怀天下永奋斗　踔厉奋发向未来

韩鸿毅，环境工程系2019级硕士研究生（2014级本科），发表SCI论文6篇。曾先后担任同济大学学生党支部书记联合会主席、校团委副秘书长、研究生党支部书记、第二十届研究生支教团团长、校学生会副主席、环境科学与工程学院学生会主席、院团委副书记等职务。曾获上海市优秀毕业生、四川省西部计划优秀志愿者、同济大学优秀党员、优秀学生干部标兵、优秀学生、优秀学生及研究生奖学金等荣誉。

十年倏然而过，犹记得初入同济，新生礼包中静静放置着一个书签，上面印着"心系祖国千山万水，志在乾坤风清月明"，短短十六字却道出了许多内涵。随着在学院日子的增加，渐渐发现这样崇高的使命感和责任感显现在学习科研、工作和生活的方方面面。在课上，老师们悉心讲授参与的生态文明建设工程的点点滴滴；在科研中，老师们对每一处细节严谨把握、追求；在工作中，同学们全情投入深挖活动内涵、丰富活动形式；在生活中，朋友们将理想、责任置于前端。在这样的氛围中，学知识打基础、进社区做志愿、访同学做调研、备晚会展风貌、游祖国明需求等学习实践，使我不断加深对"情怀"二字的理解，这份环境学院的情怀也成了不断前行的动力源泉。

过程很苦，坚持很酷，前辈们从不畏惧坚持

2017年上半年，恰逢同济大学建校110周年和环境系科成立65周年，那个时候自己身兼校学生会副主席和院学生会主席两职，需要同时筹备两台、举办时间仅间隔1天的庆祝晚会。身份的多元意味着更多的责任，更要求我在特殊节点下有着特殊担当。我每日奔波于学院晚会场地和学校晚会场地之间，经常在每天下课后直奔团委办公室策划讨论晚会细节，甚至在办公室准备了一套洗漱用具，到了晚上十点再跑回学院继续讨论、完善院庆活动内容。

那段时间每日牺牲睡眠时间，活动方案一改再改，多次推倒重来。和好朋友们的沟通成了一种奢侈，甚至课业的部分任务都无法如期完成，多项事件交织在一起，让我无比失落、无助、崩溃。这个时候辅导员的一番话点醒了我："成长过程中每一次的崩溃都会让你变得更加坚定和强

大。用心用情去感受活动中的每一个元素，或许你会找到坚持下去的理由。"后来，我详细了解了所有节目背后的故事，并参观了校史馆，在那一刻我感受到了先辈们在抗日救亡时用青春热血书写从军志愿书的义无反顾，体会到前辈们在苏州河治理过程中攻关难题时不分昼夜的无畏奋斗。回望过去为当下的坚持注入了新的能量和动力，也正因如此，前行的希望再次被点燃。

"千淘万漉虽辛苦，吹尽狂沙始到金。"当两台晚会缓缓落下帷幕，朋友圈中的各类"刷屏"，老师同学们对晚会的评价都是感动、振奋、难忘，这一刻的个人成长也在悄然萌芽，自己也从一名普普通通的大学生真正成为一名"同济人"。

每个人的奉献就如涓滴细流，总有一天能汇成江河

在本科即将结束之际，大多同学都面临着保研、考研、就业等选项，我自己也陷入了短暂的迷茫。偶然间看到西部计划（研究生支教团）的招募公告，校园内的横幅上写着"到祖国最需要的地方建功立业"，我被这句话深深震撼了，或许在心智尚未成熟、未来规划尚未明晰的时间点上前往西部，扎根基层，到最接近社会现实、社会现状的地方去学习、去调研、去改变，这样的经历能帮助自己走出"象牙塔"，成为一名"接地气"的新时代青年。

在经过多轮选拔后，我也如愿来到了同济大学的"第二故乡"四川省李庄镇，在那里我看到了与上海截然不同的一面。记得一次上课时让孩子们分享旅行的经历，班级中一半的同学选择了沉默，因为他们中很多人对"旅行"这个词一点概念都没有，而他们最喜欢听的也是李庄镇以外的世界是什么样的。由此我深刻感受到了那里的孩子们对外界的好奇与向往，了解到在偏远地区群众的不易。

当学生说："老师，我想继续在这里跟着你念书，争取能读高中。"我意识到了自己的责任和价值。这也不断鞭策、激励我全情投入，哪怕少些休息，也要倾尽所有教导这些可爱的孩子。当两年后再次回到那里时，考入高中的孩子数量也远超整个年级的平均水平，同时那些原本想辍学的孩子也大都选择了职业学校，争取学习一技之长，用知识和技能去改变命运。

用一年不长的时间，做一件终生难忘的事情。时至今日我都无比感

恩这段经历，让我更加确信个人的努力和付出，是能够影响甚至改变他人的认知和命运。

不要囿于现有平台，要站得再高一些，看得再远一些

再次回到校园，自我认知、未来规划已逐渐成熟，深知研究生阶段应接受系统的科研思维和技巧训练，增强对科研学习、社会工作的规律把握。因此我确立了清晰的目标，夯实学术科研基础，努力做出成果，同时要有意识地将自身精力投入服务同学的工作中。

在不断实践的过程中，我找到了科研和工作的共通之处：在科研时，每当需要设计试验方案、解释试验现象，导师总是会提醒我要跳出现有学科思维，从基础学科和新兴学科的视角出发，站在解决实际问题和理论难题的高度上去思考。同样地，在参与学校学生党支部书记培训体系的设计中，每一个环节背后都蕴含着丰富的考量，比如面向学生党支部书记这个群体，我们需要结合党中央、教育部对学生、党员、支部书记不同群体的要求去策划，因此老师们也反复强调："学校内的事情，不能只着眼一隅，要把自己摆在不同部门的视角去考量，同时也要预想到每一个举动可能会带来的变化。"

大格局、高视野的种子不断在心中生根发芽，也时刻提醒着自己努力和提高。

于我而言，环境学院是梦开始的地方。在这里，国际视野、家国情怀充盈在身边各处。永远热血、永远奋斗是众多环境人的模样。这里更是一个"行之力则知愈进，知之深则行愈达"的地方，它给予了我情怀、能力、视野，促使我在未来的日子里躬身践行，不负期待！

传承环境精神　矢志奉献青春

郭俊儒，同济大学环境科学与工程学院环境工程专业2021届本科生。先后担任环境学院本科生第二党支部宣传委员、学院学生兼职团委副书记、学生会主席、2017级环境工程一班班长等职务。参加中国大学生志愿服务西部计划，担任同济大学第23届研究生支教团团长，支教于云南省大理白族自治州云龙县。曾获同济大学优秀共产党员、上海市优秀毕业生、"互联网+"大赛同济大学金奖、同济大学一等奖学金、同济大学优秀学生标兵等荣誉。

在环境学院的四年本科生活对我的影响巨大。我的成长离不开环境学院严谨扎实的院风、学风，更离不开老师们对我的引领，同学们对我的帮助。在学好本专业知识外，学院的培养使我更加想要成为一个全面发展的人、一个实事求是重视实践的人、一个服务同学服务社会的人。"心系祖国千山万水，志在乾坤风清月明"的环境情怀，将成为我一生的信条。

守护祖国的梦想在心里萌芽

我在云南省大理白族自治州云龙县的民族初级中学开展了为期一年的支教，服务于西部教育发展与乡村振兴伟业。经常有人问我为什么要来支教，回顾过去的四年，记忆纷纷，也许从刚入学成为同济环境人的那一刻，我就已经立下了为祖国贡献的志向。

环境学科与国家发展振兴、人民生活幸福息息相关，与自然、社会紧密相连，同时又是涉及领域广泛、兼容并包的学科，与我自己的兴趣高度契合。因此在高考结束后，我将同济环境专业作为填报的第一志愿。

犹记大一刚入学，学院学生党总支邀请教授为新生讲述环境学院的"四大教授、八大讲师"等老先生，在党的领导下成立中国最早的给水排水工程专业；高廷耀教授在德留学谋划中国环境事业发展未来，退休后成立基金会培养激励后辈等辉煌院史，以及讲解国家生态文明发展规划等。生态文明建设、守护祖国绿水青山的念头在我心中生根发芽。

之后的几年，我将理想化为行动，在努力学好专业知识的同时，积极实践、参加志愿服务，用脚步丈量大地，努力像前辈们一样"把论文写在祖国大地上"。环境学院对学生思政引领工作的重视，为我的发展奠定了坚实基础。

学习初心不改　志在绿水青山

本科期间，随着对同济校史、环境学院院史了解的不断深入，老师们的科研精神、同学们的上进心都对我产生了潜移默化的积极影响，我不断理解了"严谨求实"的同济学风和"心系祖国千山万水，志在乾坤风清月明"的环境情怀，并以此来要求自己脚踏实地、积极创新、努力钻研。

"纸上得来终觉浅，绝知此事要躬行。"除了与同学们在固废课题组进行有关垃圾渗滤液的创新实验外，我多次组织社会实践与调研，或是参加科创项目，在老师的指导下，针对电子废弃物处理、垃圾分类、人居环境改善等难点痛点问题提出解决方案。

在这些经历中，有两件事让我记忆犹新。

大二暑假，我和几位同学一起到"世界电子垃圾之都"——广东汕头贵屿镇进行暑期实践，学习电子垃圾的处理方法及电子垃圾污染由乱到治的良好经验。在实践中，我们的团队联系当地政府部门、相关企业与居民，进行参观、访谈，撰写实践报告，各方面能力在实践全过程中得到充分培养与提升。

在入选研究生支教团、决定前往云南省云龙县支教后，我主动报名参加了周雪飞老师的课题项目，研究农村厕所的优化创新，设计更方便卫生的新型水厕，为农村人居环境改善设计方案。这个项目已在云龙县的永安村有了初步的落地实施。本科毕业后在云龙县的一年支教中，我经常到永安村对改厕进行走访调研，为后续更多新型厕所的落地建设进行前期选址调查。

当真正身处滇西北横断山脉的山村中，看到老人和儿童脸上洋溢的笑容，听到村民对同济大学的赞扬与发自内心的感激时，我才真正地意识到"小厕所就是大民生"。环境学院的师生帮助他们将原来逼仄狭小、滋生蚊蝇的旱厕改造为卫生方便、洁净明亮的水厕，对于他们的生活是多么大的帮助，切实有效地提升了村民的生活幸福感。这也让我更加明白，环境保护不止关乎社会发展，更关乎人民对美好生活的向往，让我的专业研究与发展有了更清晰的奋斗目标与方向。

突出先锋示范　　志愿奉献青春

志愿服务是我四年本科生活中不可或缺的关键词。我把环境工程学科专业知识与奉献互助的志愿精神结合起来，积极开展环境科普类志愿服务，用专业知识造福市民。先后负责了学院的经典项目"绿色苗圃——小学科普宣讲""绿济万家——室内空气质检"等志愿服务活动，负责学院"绿行者"志愿服务中队运营，牵头成立同济大学生态文明志愿服务队。2020年我被提名为"上海最美科普志愿者"。

看到同学们踊跃报名我们组织的志愿活动，看到市民在接受服务后开心的笑容，我切身感受到奉献、友爱、互助、进步的志愿精神。每一次我和同学们带着仪器到市民家中检测空气质量，在检测后告知住户房间的污染物没有超标，或超标了如何改善，他们焦虑的心情都能得到缓解。急民之所急，解民之所惑，让我们感到发自内心的使命感与成就感。

环境人一直以奉献、服务为己任。刘一呈、韩鸿毅等很多学长前辈都曾走进基层，奉献青春。正是因脱贫攻坚、乡村振兴中无数优秀共产党员对我的感召，正是因学院很多老师前辈对我的鼓舞，正是因志愿服务带来的人生升华，我决心在本科毕业后到西部去、到祖国和人民需要的地方去，以小我融入大我，用青春报效祖国。

2020年我成功加入了同济大学第23届研究生支教团，在本科毕业后前往云南省云龙县民族初级中学进行为期一年的支教。作为一名青年支教老师，我立足三尺讲台，在化学、历史、美术教学及"第二课堂"拓展中帮助学生们树立理想信念，培养对知识的兴趣，成为他们认识世界的"望远镜"，沟通成长情感的"知心人"。我还到各个乡镇、许多乡村进行家访，"送教上门"，让山区的孩子在交通不便、信息闭塞的条件下看到外界更多彩的生活，迎接更光明的未来。

一年的支教生活让我认识到了一个更加立体、更加丰满的中国，认识到当前乡村发展的不足，也看到改进的方向，让我能够在回到学校、继续科研的研究生生活中找到目标，牢记使命，坚定为人民服务的初心。

四年的学习工作中,同济环境人的精神深深影响了我,让我更加扎实学习,更加注重实践,更加热爱志愿服务,更加难忘"心系祖国千山万水"的环境情怀。在面向第二个百年奋斗目标的历史进程中,我将继续保持为人民服务的共产党人底色,不断开拓进取、奋勇争先,在民族复兴的伟大征程上放飞青春梦想,书写人生华章。

一份同济环境人的独家"济忆"

王天霖，同济环境科学与工程学院2014级本科生，2018级博士生，研究方向为膜法污水处理与资源化，现已在 Water Research，Green Chemistry，ACS ES&T Water 等行业权威期刊发表SCI论文6篇，授权美国专利1项，并参与国家重点研发计划等项目研究。现任2018级博士班班长，班级曾获同济大学"五育"示范班级十佳建设项目；曾任14级环境工程班班长、学院本科生、研究生篮球队队长，曾获2019年同研杯篮球赛冠军、同济大学优秀学生干部、同济大学优秀艺术团员、同济大学十大歌手亚军、社会活动奖学金等荣誉。

时光清浅，岁月无痕，同济环境学院的十年，宛如风一样，匆匆而过。十年的时光里，课题组中导师智慧点拨，予我专业指导；舞台上下和声呼应，予我情感力量；班集体之中互相帮助，予我精神支持。我之于环院，正如小溪之于大海，在同济环境人的精神中时刻浸润，也在这十年芳华之中，茁壮成长，留下一份同济环境人的独家"济忆"。

同济环境人的初心

回想起来，与同济环境学院的相遇或许早已注定。高一时，我在学校里参与了"筷行动"主题环保活动，向大众普及"绿色"生活方式，虽然当时宣传反响很好，但我在搜集资料的过程中意识到：技术的进步才是推动绿色发展的根本动力。

从那时起，环保的想法与理念像种子一样埋在了年少的心中。经过三年奋战，我正式踏入了同济大学环境科学与工程学院，开始攻读环境工程本科学位。在四年的本科生涯里，各位老师将专业知识倾囊相授，并在各种课程设计中向我们示范着老一辈同济环境人踏实严谨、事必躬亲的处世方式。四年学习后，我选择了继续深造，跟随王志伟教授攻读博士学位，向着环境学科前沿的技术领域继续前进。

博士期间，我以主要研发人员的身份，在国家水资源安全战略的背景下，进行膜法污水处理和资源化的研究。似乎大多数博士的科研生涯都是以不顺利为开端，当然，我也不例外。在这样的时刻，前辈们的指导给了我很大的帮助与引领。曾记得，博一时因中试反应器长期无法调试成功，我非常失落和沮丧，甚至产生了畏难的情绪。在了解到我的状态后，王老师和我说："实验中遇到问题是很正常的，保持耐心去排查问题的原因，就一定能够找到解决的办法。"第二天，王老师和师兄来到水厂现场，带着我对装置进行分段排查，逐一分析了可能出现问题的地方，并提出了对应的解决方案。几天后，随着关键问题的解决，反应器成功启动并运行良好。

读博期间，类似这样的问题我遇到过很多次，从一开始的手足无措，到如今的镇定分析，我渐渐体会了何为"崇尚科学"的研究精神，何又为"严谨求实"的实践态度。也是这样，我才能够持续在"道阻且长"的科研道路上，秉持"行则将至"的初心。

回响在青春里的"济忆"

"十大歌手"是同济每年一度的校园盛会，而环境人一直有角逐"十大歌手"的传统，我也曾有幸站在大礼堂的聚光灯下，浅声吟唱。"天赐佳音，如沐甘霖"，这是学院的同学们在我踏上舞台的时候喊出的口号，当时所有来大礼堂观看比赛的环院学子悄悄准备着这份惊喜，成了我坚定的"后援团"。最终那年比赛的名次可能大家会渐渐淡忘，但那一刻在歌声之中所产生的情感共鸣，是属于同济环境人的独家记忆。

除了"十大歌手"，篮球赛也在我十年的故事里贯穿始终。从本科生篮球队到研究生篮球队，我多次随院队取得各个比赛的冠军、亚军和季军。从本科起，我们就有周六上午早训的传统；到研究生后，即使科研繁忙，队里也保持着每周一次有球训练和一次体能训练。在我们球队里有一个口号——"环境未赢够"，这句口号中承载着不仅是我们对冠军的渴望，更重要的是在团队中不断追求卓越的凝聚力和向心力。场上队员每一滴拼搏争胜的汗水，以及场下观众每一声"环境，加油"的呐喊相应之时，留下了"一·二九"篮球场上同济环境人的专属回忆。

本科毕业那年，可能是毕业情绪的驱动，也可能是环境学院历来有写毕业歌的传统，我与朋友们开始计划着写一首毕业歌。从词到曲，再从曲到词，时间也从三月初走到了六月底。当我们在毕业典礼上唱出"或许你各奔西东，工作读研，读博留洋，却会依然记得，那夜的挫折和彷徨；或许我西装革履，朝九晚五，日夜奔忙，却不会忘记，这里的初心和梦想"时，我意识到四年的时光带给我们的不仅是知识的增长、能力的提升和视野的拓展，更是在这四年的青春里，我们因"济忆"共同生长的一份情怀，一份同济环境人独有的情怀。

在集体中收获力量

同济十年，从本科到博士，我都担任着班长一职。这份看似平常的工作，深植着我对班级这一团体的情感。担任博士班长期间，我结合多年班长的工作经验，提出了班级建设的"面包理论"，认为班长应该是一位遵循"细、勤、诚、爱"原则行事的"面包师"，将班级的同学们像制作一个面包那样凝聚起来，用高效的管理机制进行"揉面"，通过充分的情感交流"醒面"，最终在合适的温度之下"烘焙出炉"。2018级博士生班最终获评同济大学"五育"示范班级十佳建设项目，我也作为班长代表在班长论坛上分享如何做一位面包师班长：凝聚点滴，方能汇聚成河。

2022年春夏之际，在上海新冠疫情期间，我作为一名学生党员，也作为一名基层的学生干部，我深知这个过程中集体有大量的工作需要个体去参与完成，一份深植心中的使命感促使我要去做一些什么。除去基本的班级管理工作外，当时封闭在学院的我加入了环境学院的志愿队伍，当起了"西南九"的送餐员；我也协助老师在校医院和各宿舍楼宇之间搭建起了"购药渠道"，做起了学生的配药员；同时，作为宿舍的"远程层长"，除去传达学校的要求和转达订餐订货通知外，我时刻关心楼层内同学心理状态，协调楼层内同学在符合防疫要求的同时尽可能地互帮互助，解决相关的各项需求。

"到一个地方，就在这个地方做点自己能做的"，这是在我入学之时一位环境学长和我讲的一句话，其中透露朴素而深刻的集体主义思想。作为同济环境人的他是这么做的，现在我也应当力行。

十载春秋，风雨同济，是梦开始的地方，亦是梦延续的地方。我们从这里出发，也将回到这里。多年以后，当我们重新相聚，唱起那时写的歌，希望我们还能记得那份作为同济环境人的真切回忆和初心梦想，因为这里，是我们精神的家呀。

> *不复回*
> *四年时光*
> *我们各奔天涯*
> *终有一天*
> *我们回家*
> *互道一声*
> *"你好嘛？"*

同济精神代代相传　同济文化伴我成长

许君清，环境科学与工程学院2017级直博生，中共党员，围绕废轮胎热解资源化与污染控制技术、热解炭黑复合湿法混炼技术开展博士论文研究工作，在学期间发表各类论文共12篇，其中以第一作者身份发表SCI论文5篇，参编中英文专著3本，申请发明专利1项，两次参加国际会议并获优秀报告者奖和优秀论文奖。积极参与校、院、班级多项学生工作与社会活动，曾获上海市优秀毕业研究生、同济大学优秀学生标兵、优秀学生干部标兵等荣誉。

"同济"二字对我来说意义非凡，从彼时填报志愿时的些许陌生，到羁绊，到入心入魂，我在这里生活成长，深感荣幸。而环境学院又是孕育我梦想的地方，"她"以文化浸润我心。我从自己最初仰望的师兄师姐身上学到了同济环境人永恒的精神追求，也终成长为别人眼中的师兄，将此精神代代相传。

格物穷理　执着探求真知

2014年，得益于我院创新试验区的"一对一"导师制培养模式，尚处大二年级的我初次踏入李光明教授课题组。参加组会、开展实验、近距离感受教授们宽广的学术视野，这一切对作为本科生的我而言新奇、陌生却又令我痴迷。提前进入实验室的我，从来没把自己当成一个"工具人"，有想要学习操作的仪器，遇到苦思冥想而不得解的学术问题，碰上学习受挫的低潮，我都会第一时间向师兄师姐请教，而他们也总是耐心且细致地指导我，在我最失落的时候给足我信心："别放弃，一切都会好起来的！"

完成毕业论文的那一年，我和师兄师姐们一样早上八点前就到实验室，晚上"赖"到保安师傅催促离开时，才一同离开处理数据的电脑，即便大家的研究方向和实验设计有所不同，但当一个问题抛出后，组内的同学们都会积极参与讨论。实验室不仅仅是做科研的场所，更是大家互通对未来美好向往的研讨小天地。读研很苦，我却更多看到师兄师姐们坚定的态度和乐观的心态。那时候的我暗自许下心愿："要像师兄师姐们一样优秀。"

穿越时空　厚植家国情怀

本科毕业后,怀揣着对教师这一职业的无限崇敬与向往,我选择加入同济大学第十九届研究生支教团并担任四川省李庄分团团长,"用一年不长的时间,做一件终生难忘的事"成了我的信条。

在这段经历中,也让我重新认识了教育这件事。我教的孩子里,最高年级是高三,我甚至只能说自己是他们的"大哥哥"而不像是一位师长。有一次晚自习时间,我在办公室备课,一位同学拿着一本历史书来找我,让我帮忙解释一个问题。因为我是教数学和地理的,当时心里很纳闷:为什么来问我?不过还是凭着自己有限的历史知识,解释了这个问题。最后还和她说了一句我不是历史老师,不一定讲得完全准确。没想到慢慢地,这样的情况变成了常态,除了历史,我开始解答同学们关于物理、化学、政治等各个学科的问题,学生们纷纷告诉我说:"老师,我们很想多学些东西。"

当了老师的我起初坚持不拖堂,哪怕是再想讲下去,我也克制着自己,与其收获不佳的教学效果,不如在学生面前留个不拖课的"好名声"。没想到的是,后来越来越多的同学主动要求我拖堂,想听完题目的做法。

在这样的过程中,我开始思考支教不只是对某一个学科师资力量的补充,更重要的是以朋友的身份陪他们一起学习,一起成长。

与此同时,我积极争取开设培优补差班,主动对接联系企业赞助助学金,不辜负一个好苗子,不放弃一位落后者,用下班后的时光为同学们点亮一盏前行的明灯。烦?当然有点,自己做一道题只要五分钟,要讲好、讲透起码二十分钟。后悔?从未有过,看到他们渴求的眼神、满足的笑容,一切都是值得的!

我知道,教育是人类传承文明和知识的根本途径。多年前我在老师们的谆谆教诲下考入同济大学,本科期间又在导师、师兄师姐的悉心帮助下走进实验室,如今我希望以拳拳之心奉献自己的绵薄之力,为李庄的教育事业尽一份力量。

传承锐气　前行在学术道路上

用一年的时间支援西部地区的教育建设,在那里我看到了抗战时期同济人接续奋斗的点滴,新时代下我也必不甘落后,紧抓学业。

支教结束后回到校园，我暗下决心：直博生也是博士研究生，从第一年起就应当按照博士生的标准要求自己。我的导师有着渊博的知识，深邃的思想与独到的视野，遇到疑难之处，他总是细致而又耐心地教导我。我永远记得，李老师在我遇到不熟悉事务深感无助时的一句"办法总比困难多"，这样一句鼓励犹如一根"定海神针"，给了我面对任何困难的勇气和信心。

在导师的指导下，我先后参与了多项课题、项目的申报工作，驻点参与申报材料的撰写工作。见过凌晨四五点重庆街头的喧嚣，体会过刚到北京就投入"战斗"的紧迫，搭乘过往返上海—青岛的红眼航班，也曾远赴马来西亚参与项目推进……尽管材料撰写略显枯燥乏味，专业知识一时难以消化，甚至苦心准备多日的成果在讨论后需要返工，我也从未退缩和放弃，不断向导师请教、学习，积累知识，打下扎实基础。

我的研究课题是"废旧轮胎热解及其产物炭黑用于湿法炼胶的工艺过程研究"，聚焦废旧轮胎这类产量庞大的废弃物，开展资源化应用研究，实现我们日常所用轮胎的循环使用，为"碳减排"做出贡献。面对的一个重难点就是如何结合实际工业生产所需，将本在实验室中进行的湿法混炼工艺研究应用到更大规模的中试生产中，这一方面的研究应用报道非常有限，一时很难找到直接可用的参考资料。在导师的指导下，我积极与合作企业开展技术交流，利用周末时间往返于工厂和学校，在工程师的帮助下逐步理解其中的科学原理、厘清工业化应用的步骤，最终实现了中试以上规模的产出，真正地将试验从实验室搬到了工厂流水线上，把论文写在了祖国大地上。

这些参与工作、活动的经历让我对自己的专业有了更深入的认识。曾经初入实验室甚至不知该从何处开始搭建实验设备的我，已逐渐成长为像当初带领自己直面科研难题，披荆斩棘的师兄师姐们一样的人。

止于至善　用自身努力辐射同窗

我们课题组常设一位轮值"大管家"，服务组内每一位同学，我在担任这一光荣职务时，还多了一个称谓，唤作"EHS（环境/健康/安全）管理员"，不再单纯负责每周组会的召集、日常卫生的清扫，而是在安全指导老师的支持下，依照学院相关要求落实仪器使用登记、普通化学品登记、危险化学品管理、废弃物分类收集制度，设立实验室耗材统一购买制度，规范实验室安全管理。

要请每一位同学取用不同试剂前做好登记、扫描条形码可不是一件易事。"如果期刊要大家上传实验台照片，编辑看到这些摆放凌乱的各种器皿，还能相信我们的实验成果吗？""你开开心心哼着歌做着实验，想着等会儿晚饭吃哪家火锅，隔壁桌某位同学不懂操作规范弄出了一场安全事故，你说自己冤不冤？"这些问题使大家真正地体会到规则意识的重要性，渐渐地，支持我工作的同学越来越多，原先摆放稍显杂乱的实验室也因大家的自觉变得整洁干净，一本本设备台账、操作指南无声地引导着同学们规范实验流程。

因为热爱，所以奉献，源于责任，长于信任。习近平总书记在给北京大学同学回信中说："得其大者可以兼其小。"百十载同济，初心不改，我始终相信一个人作为朋辈榜样引领一群人走向优秀，才是"同舟共济，自强不息"的具象表达，才是同济人骨子里的精神血脉。为此我在多个团学组织历练、积极参与多项学生工作锻炼：以"青马工程"和"时代新人"研习营为抓手，进一步完善"聚沙成塔"式组织育人培养体系；助力支部推出多期"博士生沙龙会"特色分享活动，面向院内其他班级、年级的同学交流课题方向、分享科研体会。在学生工作历练之路上，为身边同学的成长和学校的发展贡献自己的力量。

无论是科研学习、支部建设，抑或是教育扶贫、社会实践，在同济的经历让我体会到一个人的成长，除了需要自己有强烈的担当意识，更离不开一个优秀群体的熏陶。我很高兴自己能接过师兄师姐的"接力棒"，让和谐、友爱的科研协作氛围变得更加浓厚，令细致入微的教学相长得以传承，使"同舟共济、自强不息"的精神得以发扬。怀揣远大理想，坚定前行目标，用乐观的心态面对一切境遇，用友善的态度真诚待人，我会一直在路上。

携初心行万里路　归来愿以青春报华夏

黄菁华，同济大学环境科学与工程学院2014级本科生、2018级硕士生，2019年通过中法理工类双文凭项目平台，赴法国国立路桥学校攻读双学位。在校期间参与国家重点研发计划、住建部技术指南编写、法国低碳城市设计等国内外重要项目，发表SCI一区论文3篇。曾担任同济大学校友会秘书处助理、学院党团联合会负责人、团学联志愿服务部部长、本科生党支部书记等职务，曾获国家留学基金委公派留学奖学金、钱易环境奖、全国青年志愿者大赛银奖、上海市优秀毕业生、上海市校园绿色大使、同济大学追求卓越奖学金、同济大学一等奖学金、同济大学优秀学生标兵、优秀学生干部等奖励和荣誉。

八载同济环境缘，从本科为目标扎实积累，到研究生第一次踏出国门求学，感受中法教育的异同，汲取着跨文化的养料，尤其中法双学位项目拓展了我求学之旅的宽度。携采世界之精华于国内的初心，我从国内最顶尖的环境学院出发，行万里路，到国际平台一览世界可持续发展的动态。归来愿以青春之我，在百年新征程的起点上，担起新时代青年的责任，投身新的"赶考之路"。

埋下一颗种子　用勤奋和努力浇灌

1919年，一批中国青年满怀理想和信念，从上海黄浦江边启航，漂洋过海奔赴法国开展勤工俭学运动，学习新知识、新思想，研究工人运动、社会主义思潮和马克思主义，探索强国之道；2019年，留法勤工俭学运动100周年纪念之际，作为国家公派留学生中的一员，我也踏上了留法的旅程，看着飞机舷窗外的上海夜景，我回想起第一次了解到中法项目的那天……

梦启申城，刚来到国际化大都市的我，在大一新生研讨会上得知环境学院有这样一个国际交流项目，自此我心中便埋下了一颗小小的种子，开始憧憬未来在塞纳河左岸莎士比亚书屋阅读书籍，在埃菲尔铁塔下绿茵茵的草坪上与来自世界各地的同学一起晒着太阳谈天说地。

梦想很美好，但要实现并不容易，认真查阅了申请资料之后，我发现项目录取条件严格，并且整个准备阶段很长，坚持到最后的人屈指可数。

通过中法项目申请的第一个阶段性目标：既需要达到GPA大于4.5和年级前10%的成绩门槛，也要求较高的英语水平和突出的综合能力。于是我的本科阶段就像在游戏里"打怪升级"一样，一步一步地达到每一座里程碑。绩点年级前十，带领团队拿下国家级比赛银奖，在项目竞赛中取得优异成绩，策划党团活动培树典型……向目标靠近的过程中，我也在实现自己的蜕变。三年后的面试场上，看到面试官们露出微笑并频频点头时，我知道，这颗被我精心浇灌的种子，开始发芽了！

得到录取资格只是成功的第一步，我还需要在两年的时间内，一边完成国内本科和硕士的培养计划，一边熟练掌握此前从未接触过的法语，达到在法国正常学习生活的水平。在课程和科研的多重挑战下，我放弃休息及玩乐的时间，从字母开始学起这门被誉为"世界上最优美又最严谨的语言"，从只会"Bonjour"慢慢到可以用法语自如地讨论对可持续发展、印象主义画作的看法。而这背后，是白天忙完专业学习后一次次听写，是大年初六在空荡荡的校园里和并肩作战的同学们共庆佳节。功夫不负有心人，我最终如愿启程，这颗四年前种下的种子，开出了花。

放眼世界　汲取跨文化教育之精华

中法双学位是环境学院重要的国际双学位项目之一，能让我们沉浸体验中法文化的差异，汲取跨文化之精华。同济带给我扎实的环境专业基础理论、工程实践知识和对具体科学问题深入研究的方法；法国"工程师教育体制"则更注重广度。知识的融合让我在研究环境问题时也有了更全面的视角：在撰写有关意大利填埋场抗生素抗性污染的学术论文时，我能够使用同济国家重点实验室里的精密仪器和数据分析平台，定量检测分析抗生素和抗性基因；同时，也利用在法国学习的环境管理知识，从药品使用、欧洲填埋场管理技术等角度展开讨论，丰富我的研究内容。后来，我还将这份研究成果用法语做成了通俗易懂的播客，分享给法国学校的同学，让大家共同关注抗生素抗性这一全球性的问题，收到了许多好评。

作为新时代的青年，我们拥有自信和底气，在世界舞台上尽情展现中国学子的风采。刚到法国两个月时，正逢新中国成立70周年，我邀请外国同学一起观看《我和我的祖国》；每逢中国传统佳节，我和在外游学的同学们约定相聚，一人做一道拿手的家乡菜，并邀请外国朋友们一起来过节，品尝中国美食，感受中华文化……身在异乡，我们想要向世界展现祖国文化的热情尤为高涨。

在法国高等教育体制中，去企业实习和参与社会项目是不可或缺的重要环节。克服语言和文化差异的困难后，我成功进入法国最大的国企之——法国国家铁路公司（以下简称"法铁"），开展地下轨道交通细颗粒物污染控制项目管理；我也作为市政府咨询顾问团队的一员，核算法国城市级碳排放并提出针对性建议……这些"真枪实弹"的操练，让我真正做到了知行合一。印象深刻的是在法铁实习的时候，需要提出地下隧道的细颗粒物污染控制方案。团队领导带着我，以及企业集团管理层，负责列车、铁路运维、隧道工程等各个子公司，第三方设备提供商，科研机构等多个机构和部门沟通项目细节，我一边做笔记，了解各方需求、目前进展和提出的可能解决方案，一边利用在同济环境学院学会的扎实的文献综述能力，查阅相关研究进行总结，最后形成了一份技术调研和可行性分析报告。因为我的成果，一起工作的同事，对中国人有了"高效、高质"的印象，我也感到无比骄傲。

愿以青春之我　投身祖国新征程

在法国的最后半年，我专注于绿色金融的研究，开始更深入地思考环境问题的解决方法和可持续发展的实现路径。以前，我更重视末端治理技术；而现在，我意识到，从前端入手，通过政策法规和金融等其他手段，促进企业在生产端减少环境影响，从微观角度强调源头治理，并在宏观层面树立环保和可持续意识，也是实现绿水青山的重要手段。2021年被称为中国碳中和元年，在了解了欧洲绿色金融、碳中和的发展情况后，我选择回到北京完成中法双学位最后的实习课题，迫切地想参与到国内碳中和与可持续发展领域的探索中。

新冠疫情期间，不确定性增加，回国之路也显得更加难忘。当飞机稳稳落地于浦东机场，当看到身着防护服的医护人员，听到用熟悉的中文说着"欢迎回家"时，我顿时热泪盈眶——时隔一年半，我终于回到了祖国母亲的怀抱。

2021年是建党100周年，我在北京参观了中国共产党早期革命活动旧址，学习了革命先辈在教育救国、科技救国道路上一往无前、追求真理的决心和毅力。其中，周恩来总理在法国探求救国真理，确立共产主义信仰的故事对我的触动很深。赴欧之后，他博览各种学说思潮，以审慎求真的态度，"对于一切主义开始推求比较"，并在国内急需大批革命骨干之时，立刻从法国启程，全身心投入革命事业之中。其实，在法国学习期间，我也收获了世界环保领域的龙头企业——苏伊士集团法国总部抛来的橄榄枝，或许是出发和归国都恰逢百年历史节点的巧合，让我对先辈的精神有了更特殊的理解，对于未来的选择，我坚定如初：回到祖国，参与新时代的绿色可持续发展建设中！

回首大学时光，我非常感谢环境学院提供了这样一个宝贵的国际交流机会，让我得以站在两所高水平学府的平台上，以更全面的眼光审视可持续发展问题。欣逢盛世，当不负盛世，愿吾辈之青春，可捍卫这盛世之中华。同济不仅教会我严谨求实地探索知识，更教会我要有"济人济事济天下"的责任与担当。怀揣着小小梦想出发的我，将用自己的行动，为祖国的时代新征程贡献一份力。